电子信息导论

主　编　付　渊　刘　勇
副主编　徐小辉　冯宝祥　陈志勇

北京理工大学出版社
BEIJING INSTITUTE OF TECHNOLOGY PRESS

内 容 提 要

本书共分三个项目九个任务，项目一为探寻电子信息技术的世界，从电子信息技术的发展历程、电子信息专业群、电子信息安全技术等方面认知电子信息专业和行业状况；项目二为认识电子信息技术的应用，从为生活添彩的电子信息、为经济赋能的电子信息、新一代电子信息技术三个方面来探讨电子信息技术对生活、经济发展的影响；项目三为创新创业与学业生涯规划，通过认识电子产品的生产与研发、创新电子产品设计和学业规划与职业生涯规划，来探讨创新创业及个人职业生涯规划的学习。

本书可作为高职院校电子信息类学生电子信息技术的专业认知教材，亦可作为其他专业学生的通识选修类教材；亦可作为中职院校、技工学校及电子信息类企业通识教育培训班参考资料。

版权专有　侵权必究

图书在版编目（CIP）数据

电子信息导论／付渊，刘勇主编． - - 北京：北京理工大学出版社，2021.9

ISBN 978 - 7 - 5763 - 0433 - 6

Ⅰ.①电… Ⅱ.①付… ②刘… Ⅲ.①电子信息 - 高等职业教育 - 教材 Ⅳ.①G203

中国版本图书馆 CIP 数据核字（2021）第 200089 号

出版发行 ／ 北京理工大学出版社有限责任公司

社　　址 ／ 北京市海淀区中关村南大街 5 号

邮　　编 ／ 100081

电　　话 ／ （010）68914775（总编室）

　　　　　　（010）82562903（教材售后服务热线）

　　　　　　（010）68944723（其他图书服务热线）

网　　址 ／ http://www.bitpress.com.cn

经　　销 ／ 全国各地新华书店

印　　刷 ／ 涿州市新华印刷有限公司

开　　本 ／ 787 毫米 × 1092 毫米　1/16

印　　张 ／ 10　　　　　　　　　　　　　　　　　　责任编辑 ／ 朱　婧

字　　数 ／ 227 千字　　　　　　　　　　　　　　　　文案编辑 ／ 朱　婧

版　　次 ／ 2021 年 9 月第 1 版　2021 年 9 月第 1 次印刷　责任校对 ／ 周瑞红

定　　价 ／ 53.00 元　　　　　　　　　　　　　　　　责任印制 ／ 施胜娟

图书出现印装质量问题，请拨打售后服务热线，本社负责调换

前言

大学新生入学，迫切需要解决的问题是：大学几年学什么、学成之后干什么，学的东西，都有什么用？

本书主要解决电子信息专业新生专业认知问题。我们的课程目标，就是"让学生爱上电子信息专业"，让他们了解"学什么"，即让学生对电子信息技术专业渊源、专业涵盖的学科、内容，有一个概貌性了解，知道将来学什么；让学生知道大学应该"干什么"，即对电子信息技术的应用、电子信息类产品基本结构等，有一个清晰的认知，了解电子信息产业技术发展趋势和产业概貌，知道将来干什么；更重要的是，通过学习，要知道应该"怎么干"，即对专业主要岗位及就业方向有明确的认识，明确创新创业，就业的美好前景，初步构建职业发展目标，明确自己的学业规划、职业规划，知道自己将来怎么干。"电子信息导论"作为电子信息类专业导论课程，让学生对电子信息类专业的专业渊源、专业涵盖的学科内容有一个概貌性了解；对电子信息技术的应用、电子信息类产品基本结构等有清晰的认知；对专业主要岗位及就业方向有明确的认识，从而对自己的学业规划、职业规划，有一个明确的认识；以项目化任务，实现引导学生喜爱电子信息类专业、了解电子信息产业技术趋势和产业概貌、了解就业美好前景，并初步构建职业发展目标。

本课程明确以高校育人为根本，坚持立足高职教育、职业能力教育和人文素质教育，顺应教学对象的变化、目的的变化及方式的变化三个基本要求，将课程标准完善融入体系，提炼课程培养目标，设计课程教学方法和教学内容等融入思政内容改革，与行业、企业的专家（兼职教师）密切合作，企业高层管理人员参与课程设计开发、教学实施的全过程，充分体现课程教学过程的开放性。课程在简要介绍电子信息类专业涵盖学科内容的同时，重点学习电子信息技术的应用、电子信息类产品基本结构等知识的认知，对专业主要岗位及就业方向有明确的认识，从而制定自己的学业及职业规划；以项目化课程，实现引导学生喜爱电子信息类专业、了解电子信息产业技术趋势和产业概貌、了解就业广阔前景，并初步构建职业发展目标。

本书为电子信息技术专业的导论性教材，可作为新生入学的导论性课程使用。

本书由重庆电子工程职业学院付渊负责项目设计及统稿，刘勇负责资料收集。参与编写的教师有重庆电子工程职业学院教师徐小辉、广州粤嵌通信科技股份有限公司技术总监冯宝祥、重庆电子工程职业学院教师陈志勇等。在编写过程中，较多的引用了企业资料及社会资料，由于资料来源庞杂，难免有所疏漏，敬请指正。

特别感谢广州粤嵌通信科技股份有限公司、重庆海康威视科技有限公司等企业为本教材编写提供大量帮助，感谢海尔COSMOPlat学院为本教材编写提供大量资料。

编 者

2022年5月

目录

项目一 探寻电子信息技术的世界 ……………………………………………… (1)
  任务1.1 丰富的电子信息世界 …………………………………………… (2)
    1.1.1 电子信息技术的高速发展历程 ………………………………… (3)
    1.1.2 电子信息技术对社会的影响 …………………………………… (8)
    1.1.3 电子信息产业岗位需求 ………………………………………… (13)
    1.1.4 正确认识自己，合理定位，体现自我价值 …………………… (16)
  任务1.2 电子信息大类的学习 …………………………………………… (18)
    1.2.1 电子信息类专业大类 …………………………………………… (19)
    1.2.2 电子信息大类主要专业课程介绍 ……………………………… (21)
    1.2.3 电器的智能控制技术 …………………………………………… (23)
  任务1.3 电子信息安全技术 ……………………………………………… (28)
    1.3.1 信息安全概述 …………………………………………………… (29)
    1.3.2 信息安全的种类 ………………………………………………… (30)
    1.3.3 信息安全问题产生的根源 ……………………………………… (31)
    1.3.4 常见安全事件类型 ……………………………………………… (31)
    1.3.5 常见防骗措施 …………………………………………………… (35)

项目二 认识电子信息技术的应用 …………………………………………… (39)
  任务2.1 为生活添彩的电子信息 ………………………………………… (40)
    2.1.1 便利的掌上生活 ………………………………………………… (40)
    2.1.2 舒适的智能家居生活 …………………………………………… (48)
    2.1.3 重构课堂的线上线下混合式学习 ……………………………… (55)
  任务2.2 为经济赋能的电子信息 ………………………………………… (63)
    2.2.1 《中国制造2025》简介 ………………………………………… (64)
    2.2.2 精准高效的智慧农业 …………………………………………… (68)
    2.2.3 超能的智能制造 ………………………………………………… (79)
  任务2.3 新一代电子信息技术 …………………………………………… (88)

  2.3.1　人工智能 …………………………………………………… (88)
  2.3.2　大数据 ……………………………………………………… (96)
  2.3.3　云计算 ……………………………………………………… (101)
  2.3.4　5G ………………………………………………………… (107)

项目三　创新创业与学业生涯规划 ……………………………………… (115)

 任务3.1　认识电子产品的生产与研发 ……………………………… (116)
  3.1.1　电子产品的开发流程 ……………………………………… (116)
  3.1.2　企业电子产品开发流程的制订 …………………………… (117)
  3.1.3　电子产品的生产过程 ……………………………………… (124)
  3.1.4　现代学徒制简介 …………………………………………… (127)
 任务3.2　创新电子产品设计 ………………………………………… (129)
  3.2.1　电子产品描述方法 ………………………………………… (130)
  3.2.2　创新电子产品设计 ………………………………………… (133)
 任务3.3　学业规划与职业生涯规划 ………………………………… (140)
  3.3.1　自我分析：了解一下自己 ………………………………… (141)
  3.3.2　学业规划：督促一下自己 ………………………………… (142)
  3.3.3　职业规划：给自己设计一个未来 ………………………… (143)

参考文献 ………………………………………………………………… (152)

项目一

探寻电子信息技术的世界

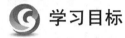 学习目标

【知识目标】
◆了解智能电器的相关技术及特点
◆了解电子信息产业现状与岗位需求
◆了解电子信息产业群结构及专业特点
◆了解电子信息专业群主要课程设置

【能力目标】
◆学会基本的调研技巧
◆学会撰写调查报告
◆能够根据调研结果发布调研报告

【素质目标】
◆培养主动观察的习惯
◆培养主动参与社会实践的习惯
◆培养独立思考与语言表达的习惯
◆培养积极沟通、达成团队合作的习惯

任务 1.1　丰富的电子信息世界

任务引入

电子信息产业是国民经济四大支柱产业之一（节能环保、新一代信息技术、生物和高端装备制造业），电子信息技术是当今世界经济和社会发展的重要驱动力，电子信息产业已成为我国全面建设小康社会的战略性、基础性和先导性支柱产业。根据工业和信息化部报告，集成电路、软件、通信、计算机与网络数字视听、电子元器件等基础产业是信息产业发展的重点领域，也是人才需求的重点领域，需要大量的生产、管理、销售、服务第一线实用型技术人才。

"人才是最宝贵的资源。"电子信息产业是以人的智力劳动为主的高技术产业，人才是最重要的资本。这些年来，我国依托高校、科研院所和企业培养了一大批电子信息人才，可是这与中国信息产业发展需求相比，仍有很大缺口。作为高职院校，人才培养如何适应和满足电子信息产业跨越式发展的客观要求，必须了解市场、适应市场、依托市场和开发市场。

电子信息，一个和我们生活息息相关的产业。它究竟是一个怎样的世界？让我们一起，来探寻丰富的电子信息世界吧！

任务目标

◆了解电子信息技术的发展；
◆了解电子信息技术产业岗位需求；
◆了解电子信息专业现状与发展。

任务描述

同学们进入大学学习阶段后，最关心的问题都有哪些？是读书期间学什么，还是学成之后干什么？或者，大学期间学的东西有什么用？

都说电子信息产业是新兴的高科技产业、朝阳产业，市场前景十分广阔。可毕业之后到底做什么？是搞产品设计、开发，还是做产品销售、售后维修，或是直接上生产线从事设备的生产活动？

既然选择了这个专业，就本着对自己将来负责的态度，做一次调查活动，认真调研一下电子信息这个产业吧！

知识准备

人们需要信息的交流。

人类最原始的信息交流，是利用人的视觉与听觉。古代的语言、图符、钟鼓、烟火、竹简、纸书、烽火狼烟、飞鸽传信、驿马邮递等（图1-1所示为中国古代壁画中的驿马图），到现代的交警指挥手语、航海旗语等，都是利用视觉与听觉进行信息交流。

图1-1 中国古代壁画中的驿马图

古人经常感慨"云中谁寄锦书来？雁字回时，月满西楼"，除了面对面交流，通信速度慢、周期长，所以"烽火连三月，家书抵万金"。

现代人哪有那么多烦恼？"扫个码，加个微信呗！"计算机、手机（移动通信终端）、因特网（Internet）、GPS、北斗、射频卡、物联网……如图1-2所示，人类进入信息时代，电子信息技术与现代信息技术的飞速发展，让我们随时随地与整个世界沟通，真正地实现了"相知无远近，万里尚为邻"。

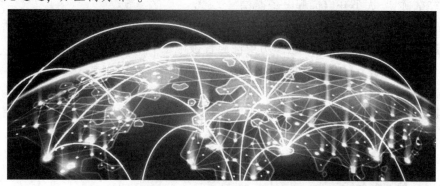

图1-2 电子信息技术，让我们沟通世界

1.1.1 电子信息技术的高速发展历程

人类早期的信息交流，主要是通过手势、表情、肢体动作、声音来表达和传递信息，逐渐发展出语言和文字。造纸术和印刷术的发明，把信息的记录、存储、传递和使用扩大到更广阔的空间，使知识的积累和传播有了可靠的保证，是人类信息存储与传播手段的一次重要革命。

现代通信技术是伴随着电子信息技术的发展而发展起来的。一直到1876年，美国的贝尔发明第一台电话机，才表明人类社会正式进入到电子通信时代，图1-3所示为贝尔在进行通话测试。随即,通信技术迅速进入了一个高速发展的时代;时至今日,我们已经处于一个信息化社会,科学技术突飞猛进,信息科学发展一日千里。

图1-3 贝尔与第一台电话机

1. 电子通信工具的发明和普及

1844年,莫尔斯从美国国会大厦向巴尔的摩发出了人类历史上的第一份电报:"上帝创造了何等奇迹!"人类开启远程电子通信。

1876年贝尔发明第一台电话机,1892年纽约、芝加哥的电话线路开通。电话发明人贝尔第一个试音:"喂,芝加哥!"这一历史性声音被记录下来。

1946年世界上第一台通用计算机ENIAC诞生,如图1-4所示。

1969年,因特网(Internet)的前身阿帕网(Arpanet)诞生,这是一次信息传播和信息处理手段的革命,对人类社会产生了空前的影响,使信息数字化成为可能,信息产业应运而生。

图1-4 世界第一台计算机ENIAC

2. 电子元器件的发展历程

电子信息的发展，离不开各种电子元器件。电子产品的元器件从 1904 年电子管发明出来，到现代经历了两个阶段，即：

1）分立元件阶段

分立元件是与集成电路（芯片）相对而言的，就是指普通的电阻器、电容器、晶体管等电子元件，被广泛应用到消费电子、计算机及外设、网络通信、汽车电子、LED 显示屏等领域。

1904 年，弗莱明发明电子二极管，人类迈入电子管时代；1907 年，德福雷斯特发明电子三极管，电子管技术走向成熟；1947 年肖克利、巴顿、布拉顿发明晶体管，人类走入晶体管时代。如图 1-5 所示为不同时期的电子管与晶体管的大小比较。

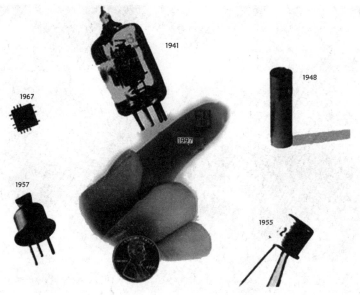

图 1-5 电子管与晶体管的大小比较（中上方为电子管，其余为晶体管）

这时候，人们对电子产品最直观的认识，就是体积大大缩小，重量变轻，而且只要用电池就可以供电，一开机就可以运行（电子管需要先开机预热，才能正常工作）。如图 1-6 所示，以收音机为例，电子管收音机最小都需要一个大盒子，而现代的数码收音机可以轻而易举地握在手中，并且可以集成大量功能于一体，收音只是其中微不足道的一项功能。

(a) 电子管收音机　　　　　　(b) 数码收音机

图 1-6 收音机

2）集成电路阶段

如图 1-7 所示，集成电路已经广泛应用于电子产品，可以说是现代电子信息发展的最核心器件，它可以在一块小小的芯片中，集成大量的电子元器件，来实现复杂的功能。集成电路在 1958 年由美国得克萨斯仪器公司和仙童公司宣布研制成功后，发展迅速。

1960 年：集成 10～100 个元件的小规模集成电路 SSI 时代；

1966 年：集成 1000 个元件的中规模集成电路 MSI 时代；

1971 年：集成 10000 个元件的大规模集成电路 LSI 时代；

1978 年：集成 10 万个元件的超大规模集成电路 VLSI 时代；

1993 年：集成 1000 万个元件以上的特大规模集成电路 ULSI 时代；

2010—2020 年：集成 10 亿个元件以上的巨大规模集成电路 GLSI 时代。

图 1-7　集成电路已经广泛应用于电子产品

华为手机使用的芯片是自己研发的麒麟芯片，2019 年华为推出的麒麟 990 芯片采取 7nm+制程技术，在 113.31mm^2 面积的芯片上集成晶体管 103 亿个；Cerebras 公司专为人工智能（AI）打造的 Wafer Scale Engine（WSE）芯片，在 46225mm^2 面积上集成多达 1.2 万亿个晶体管，其大小相当于一个平板计算机，如图 1-8 所示。

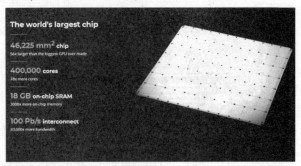

图 1-8　麒麟 990 芯片与 WSE 芯片

3. 电子信息技术发展迅速

电子信息技术从诞生之日就迅猛发展，新产品层出不穷。下面以计算机和通信工具为例来探讨一下。

1）计算机的发展

1946年，计算机 ENIAC 诞生，到1995年前后个人计算机（PC）大普及（Win95），经历了50年。如图1-9所示为1983年出现的首台图形界面个人计算机与现代个人计算机。

图1-9　1983出现的首台图形界面个人计算机与现代个人PC

2）笔记本计算机的发展

1985年东芝公司推出第一款大众笔记本计算机T1100，到2000年前后笔记本开始普及，只花了15年。如图1-10所示为东芝公司推出的第一台大众笔记本T1100与现代笔记本计算机。

图1-10　第一台笔记本计算机T1100与现代笔记本计算机

3）计算机网络的发展

1969年，Arpanet诞生，到1989年计算机网络商业化大发展，经历了20年。

4）手机的发展

手机的发展，更是让人目不暇接："大哥大"（模拟手机）在1990年上市，1998年就被淘汰，却留下一段传说；BP机1991年上市，到2003年也黯然退市；智能手机2007年上市后，成为掌上经济的助推器，现在基本是人手一部……手机的外观（如直板、滑盖、翻盖、转屏）、颜色（如黑白、彩屏）、功能（如音乐、照相），几乎年年都在推陈出新，年年都有新技术出现。如图1-11所示为不同时期的一些手机外形图。

如图1-12所示的被淘汰的电子产品，BP机、"大哥大"、万能充电器、GPS导航仪、"电子狗"、行车记录仪……各自引领市场一段时间，然后被彻底淘汰，或被其他更先进、

模拟手机　　数字功能手机　　早期智能手机　　现代智能手机

图1-11　不同时期的一些手机外形图

好用的电子产品代替；在这个迅猛的发展过程中，一些曾经国际顶级的企业也跌落神坛、更迭换代，被时代所抛弃，诺基亚、柯达、波导……风光不再，甚至已经破产，彻底从人们视线中消失。

BP机　　"大哥大"　万能充电器　　GPS导航仪　　电子狗

图1-12　被淘汰的电子产品

4. 结论：

电子信息行业发展太快、知识更新太快！

同时，电子信息行业也是最具活力的行业，给我们提供了无限的机会与发展潜力。它需要我们创新、前进、不断突破，需要"活到老，学到老"。

理想需要奋斗，真正决定一个人成就的，不是天分，也不是运气，拼出来的才是人生。努力学习、脚踏实地，把知识和技能学优、做精，学会创新创优，等到毕业时，才可以对这个社会、这个行业说：我准备好了，我来了！

1.1.2　电子信息技术对社会的影响

电子信息技术的发展，给现代文明的发展提供了基本的能源和设备保障；电子信息技术的发展，使人们充分开发和利用各种信息资源，极大地促进了信息交流和知识共享，正迅速地改变着社会面貌、改变着人们的生产和生活方式，改变着人类文明发展进程，对社会产生着巨大的影响。

1. 电子信息是现代文明发展的基础推动力

能源是人类赖以生存的最基本的物质条件之一。取火使人类摆脱了原始蒙昧；金属工具帮助人类建立起农业文明；动力，特别是电能，增强了人类体力劳动能力，现代化的大工业生产得以实现。

电能以其独特的优势成为人类开发自然能源的最重要方式，是人类征服自然过程中所取得的具有划时代意义的光辉成就。自19世纪80年代开始应用电能以来，几乎所有社会生产的技术部门以及人民生活，都逐步转移到这一崭新的技术基础上，极大地推动了社会生产力的发展，改变了人类的社会生活方式，使20世纪以"电世纪"载入史册。

电照明是较早开发的电能应用。它消除了黑夜对人类生活和生产劳动的限制，大大延长了人类用于创造财富的劳动时间，并且改善了劳动生产条件，丰富了人们的生活。这为电能的应用奠定了最广泛的社会基础，成为推动电能生产的强大动力。

电子信息产业为电能的生产和消费系统提供物质装备。电动机是冶金、机械、化工、纺织、造纸、矿山、建工等一系列工业部门与交通运输以及医疗电器、家用电器的最重要的动力源；电加热均匀、热效率高、容易控制，广泛应用在生活、冶金工业及制造工业中；电能在化工领域的应用开辟了电化学工业体系，包括电解工业、电热化学工业，以及等离子体化学、放电化学、界面电化学、电池工业等，推动了化工工业的发展；电物理中，各种能级和不同用途的加速器、大功率电脉冲装置、大功率激光设备、受控核聚变装置等所需要的电源技术、磁体技术、控制和监测技术等都促进了电能的利用和电子信息的发展。

总之，随着科学技术的发展，电力的应用不仅影响到社会生产的各个侧面，也越来越广泛地渗透到人类生活的各个层面，维护电力系统正常工作的电子信息技术，成了维护这个社会能源体系的重要保障，是现代文明发展的基础推动力。

2. 电子信息发展带来的积极影响

1）推动了社会经济发展的速度

以数字化技术为核心的一场信息技术革命，使经济与社会的发展对信息技术、信息资源和信息依赖程度越来越大。物联网让从政府、企业、商店、学校、医院到家庭，在进行生产、管理、流通、科研、教育、医疗、娱乐等各种社会经济活动中，都将逐步实现信息化、智能化。如图1-13所示为物联网的基础应用领域。

图1-13 物联网的基础应用领域

到如今，电子商务已经深入经济生活的方方面面。2020年新冠疫情中，大量农产品滞销，是网络销售帮助广大农民解决了销售难题，减少了经济损失；以前就医经常需要排队挂号，而今完全可以通过网上预约，节约了大量的时间和精力；生活缴费、交通出行、充值服务、社保、借贷，几乎都可以通过网络服务远程快捷地完成。

2）加快了教育发展的速度和知识更新的步伐

电子信息技术使信息更新速度加快,要求人们不断地学习、更新知识结构,以适应社会的发展。昨天已掌握的,也许今天又有了新的发展。这也给电子信息的教育带来挑战,同样地,也给学生的学习带来挑战。

老师们不再只是待在学校里看看书就能很好地传道授业解惑,学生也不是坐在教室里听听老师讲解就能掌握知识。知行合一,如今更是强调理论与实践的统一。同学们在学习中,既要掌握好理论知识,提高实践能力,又需要积极参加社会生产实践,并通过参加技能大赛、创新创业活动等,来全面提高自己的学习技能,如重庆市高职学生李小松参加2020年底举办的全国第一届职业技能大赛,夺得光电技术项目银牌,被评为全国技术能手,入选第46届世界技能大赛国家集训。图1-14所示为李小松在训练中。

图1-14 全国技术能手李小松在训练中

3）改变了人们的工作、学习、生活和思维方式

互联网将整个世界连为一体,不同地域、文化、语言背景和社会阶层的人们似乎生活在一个地球村中,地区间的差异变得越来越小。

2020年年初的新冠疫情,使学生们不能回到学校教室上课,但"停课不停学",全国大、中、小学开启了远程网络教学,让大家居家隔离时也能完成学习,完全颠覆了传统的教育模式。远程学历教育可以让我们"抽个空就把大学上了",如图1-15所示,给我们提升学历提供了一种全新的选择。

图1-15 远程学历教育

3. 电子信息技术发展带来的负面影响

电子信息技术的发展改变了人们传统的生产生活方式,逐渐成为主导经济发展、产业结

构调整和社会全面进步的动力,但也给我们的日常生活带来一些消极影响。我们在学习和生活中,要通过掌握的知识,来尽可能地消除这些负面影响,使其更好地为人们服务。

1)信息泛滥

信息急剧增长,2011 年就有专家经过研究证明,我们一天接受的信息量相当于 174 份报纸,2020 年,全世界的数据量达到 44ZB,是可观测宇宙中星星数量的 40 倍。如图 1-16 所示为信息的增长速度超出人们的承受能力,导致信息泛滥。

图 1-16 信息泛滥

2)信息污染影响人们身心健康

一些错误信息、虚假信息、污秽信息混杂在各种信息资源中,高科技犯罪、反科学、伪科学、有害垃圾信息泛滥,造成严重的信息污染,可能导致个人行为偏差,如图 1-17 所示。

图 1-17 信息污染影响人们身心健康

3)知识产权侵权

网络媒体使信息复制、传播容易,通过网络媒体侵犯知识产权,尤其是著作权侵权现象非常严重,如图 1-18 所示。

图1-18 网络媒体侵犯知识产权非常严重

4）信息犯罪

利用网络窃取信息、信息欺诈、信息攻击和破坏，使个人隐私、企业秘密难以保全，黑客攻击甚至会造成通信中断、网络瘫痪等，给社会造成极大危害，如图1-19所示。

图1-19 网络诈骗

小知识 <<<

字节

我们经常提到的"字节"（Byte）是电子信息领域里用于计量存储容量的一种计量单位。其中：

1KB = 1024B

1MB = 1024KB

1GB = 1024MB

1TB = 1024GB

1PB = 1024TB

1EB = 1024PB

1ZB = 1024EB

目前，我们手机的存储容量主要有64GB、128GB、256GB等，运行内存主要是4GB、8GB和16GB。

1.1.3 电子信息产业岗位需求

电子信息产业的发展突飞猛进,在智能电气控制、通信、互联网、物联网、智能制造、工业互联网、计算机、医疗、汽车等领域,都有着新兴电子信息技术的应用。电子信息产业的发展为我国经济发展和社会进步奠定了基础。随着电子信息技术的发展,其实际应用趋势不断由专业化向智能化发展,科学技术的进步势必会使电子信息产业得到进一步的发展。

电子信息产业是一项新兴的高科技产业,亦被称为朝阳产业,其市场前景十分广阔;同时,电子信息产业的快速发展,也给社会提供了大量的就业机会。电子信息技术的出现,使人类快速地进入了一个新的阶段,它的广泛应用,使广大人民群众在日常的生产生活中受益,并得到了人们的广泛认可。

1. 我国电子信息产业发展现状

电子信息技术是一个国家综合实力的象征,在社会经济生活中起到举足轻重的作用,也被世界很多国家作为科研领域的重要组成部分。它体现了一个国家的科技实力,促进了社会的进步。

1)国际电子信息产业发展概况

从国际范围来看,电子信息技术格局越来越明显,相关的产业如雨后春笋般出现,以电子信息产业为核心的产业之间的竞争越来越激烈。各个国家都在大量地培养和储备相应人才,抢占电子信息产业高新技术制高点。由于电子信息产业的发展前景越来越明朗,应用范围越来越广,影响到国家的方方面面,对一个国家的产业升级、体制改革以及经济发展有着至关重要的作用。

发达国家依然占据电子信息产业价值制高点,在大力构建信息经济新优势的同时,积极以信息技术为手段推动再工业化进程,争取未来全球高端产业发展主导权。美国的《先进制造业伙伴计划》、德国的《工业4.0》、日本的《2014制造业白皮书》、英国的《英国制造2050》等,都努力促使国际信息产业调整布局,吸引高端制造业向发达国家"回流"。跨国信息技术企业加快在工业互联网、人工智能、智能制造等新兴领域的布局,力图打造发展新优势。

2)中国电子信息产业发展概况

中国电子信息产业正与全球同步迈进,在计算机视觉、语音识别等细分领域甚至处于国际领先水平,已具有良好的发展基础,国家对电子信息产业发展的支持力度也在持续加大。

目前,电子信息产业正加速结构调整与动能转换。一方面,手机、计算机和彩色电视等传统行业继续保持规模优势;另一方面,主要行业和产品的高端化、智能化发展成果显著,智能手机、智能电视机市场渗透率高,智能可穿戴设备、智能家居产品、虚拟现实设备等新兴产品种类不断丰富。在虚拟现实、无人驾驶、人工智能、无人机、智慧健康养老等新兴领域,国内涌现出了一大批创新型企业,技术和应用在全球处于领先水平。

我国电子信息产业连续多年保持平稳较快增长,高铁技术全球领先,手机、微型计算机、网络通信设备、彩色电视等主要电子信息产业产品的产量居全球第一,技术创新能力大幅提升，龙头企业实力显著增强，生态体系进一步完善，对社会经济发展的支撑引领作用全面凸显。

在世界经济深刻调整和国内经济转型升级的背景下，我国电子信息产业的发展形势有了新的变化。

（1）信息技术创新加速新发展。云计算、大数据、物联网、移动互联网、工业互联网、人工智能等新一代信息技术快速演进，硬件、软件、服务等核心技术体系加速重构，正在引发电子信息产业新一轮变革。单点技术和单一产品的创新正加速向多技术融合互动的系统化、集成化创新转变。

（2）国家重大战略推新突破。电子信息产业正日益成为我国实现"智造强国"的关键力量之一。国家明确提出"以加快新一代信息技术与制造业深度融合为主线，以推进智能制造为主攻方向"。国家实施了突破芯片、整机、操作系统等核心技术战略，大力加强网络信息安全技术能力体系建设，增强信息安全保障能力和网络空间治理能力。

3）电子信息产业对地方经济的影响

电子信息产业以其高度的创新性、渗透性、倍增性和带动性，在国民经济发展中起着不可替代的作用，给传统产业改造升级注入了新的活力。

电子信息产业的发展催生了一批新兴产业，形成了微电子、计算机、软件及信息安全、通信及网络等关联产业的协同发展；加速了生物工程与生命科学、新材料与能源、航空航天、高铁等高新技术产业的成长；促进光电子、智能家居、物联网、智能终端、工业互联网、人工智能、（虚拟现实/增强现实）（VR/AR）等产业的兴起。同时使传统的劳动密集型产业、资本密集型产业、服务业日趋信息化和知识化。

重庆市实施"6+1"支柱产业中，电子信息产业对经济增长的贡献度最大，成为经济增长的第一动力，排名全国领先。同时，在重庆形成了具有鲜明特色电子信息产业，典型的有万亿级的紫光芯片研发中心、西永微电园、南岸国家物联网产业示范基地、金凤电子信息产业园等。

2. 电子信息产业就业岗位分析

电子信息类毕业生具有宽领域工程技术适应性，就业面很广，就业率高，毕业生实践能力强，工作上手快，适应的工作岗位类型也比较广泛。

1）电子信息专业就业岗位

根据不同专业领域，电子信息类专业的学生就业岗位有一定的区别。

（1）电子信息技术类。在电子信息类的相关企业中从事电子产品的生产、经营与技术管理和开发工作；在电子产品与设备生产企业和经营单位从事各种电子产品与设备的装配、调试、检测、应用及维修技术工作；在企事业单位从事机电设备、通信设备及计算机控制等设备的安全运行以及维护管理工作。

（2）通信类。通信类专业就业领域包括移动通信技术、通信系统运行管理、通信工程设计与监理、电信服务与管理、光通信技术、物联网工程技术等。

（3）计算机类。计算机类专业的毕业生主要从事企事业单位软件开发、信息化与电子政务建设和应用、网络建设与运维，各类计算机专业化公司、广告设计制作公司、平台公司等IT行业工作。

2）电子信息技术人才需求状况

以重庆市为例，电子信息产业是重庆工业的第一支柱产业，产值占全市工业的比例超过四分之一。近年来，重庆市着力构建"芯屏器核网"全产业链，实施集成电路技术创新、智能制造等专项政策，形成了较为完善的产业体系，人才需求旺盛。如图1-20所示为重庆高新区电子信息产业园工厂内部车间情况。

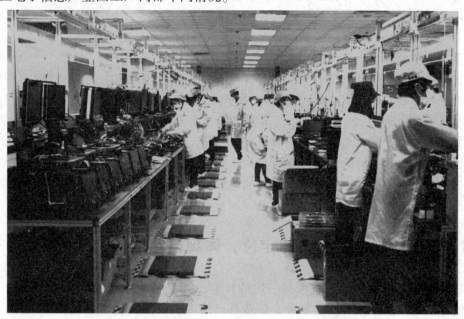

图1-20 高新区电子信息产业园工厂内部车间情况

电子信息产业的蓬勃发展带来了巨大的人才需求，为技工院校相关专业学生提供了广阔的就业空间。汇博网相关调研报告指出，未来人才结构中"IT专业人才、公共专门人才和基础工人需求量较大。电子企业需要大量的中高级技术人才、高级管理人才，如中芯国际、EDS等企业需要软件、电子信息类人才"。

根据重庆市各大人才招聘信息网站统计数据，目前重庆电子信息产业需要大量的电子信息技术人才。

从企业用工需求来看，一线技术工人需求量是最大的。

从行业需求排名来看，电子、半导体、集成电路作为行业需求榜首，其次分别是互联网、移动互联网、电子商务、物联网、汽摩零配件、房产开发等。

从岗位具体需求情况来看，普工、技工岗位的需求主要以电子、机械、机电、电信、重工、汽摩零配件、整车制造、家电、数码等行业为主。

读一读 <<<

重庆市政府高度重视科技发展

2020年重庆市政府工作报告中指出：坚持把制造业高质量发展放到更加突出的位置，加快构建现代化产业体系，深入实施"以大数据智能化为引领的创新驱动发展战略行动计划"，加快建设国家数字经济创新发展试验区，促进智能产业、智能制造、智慧城市协同发展，集中力量建设"智造重镇""智慧名城"。

壮大"芯屏器核网"全产业链。"芯",指重点推动万国半导体、SK海力士等产能释放,加快启动华润微电子功率半导体芯片等项目。"屏",指重点推动京东方6代柔性面板建设,积极培育超高清视频领域产品。"器",指重点推动OPPO、vivo等第五代移动通信(5G)手机量产,发展智能穿戴、智能音箱、智能家居等新品。"核",指重点提升汽车电子、智能传感等核心器件发展水平。"网",重点培育10家工业互联网平台,支持中移物联网、宗申忽米网、飞象工业互联网等企业发展,加快中小企业"上云上平台"。提档升级区块链产业创新基地,促进区块链技术和产业创新发展。

建设"云联数算用"要素集群。"云",指建成数字重庆云平台,政务信息系统迁移上云,市级系统整合率达到75%,两江云计算产业园服务器达到30万台。"联",指实施5G融合应用行动计划,新建5G基站3万个,提升中芯国际数据通道性能,互联网骨干直联点省际直联城市增加到32个。"数",指落实"三清单"制度,初步建成城市大数据资源中心,建立政务数据"聚通用"规范管理机制。"算",指建设智能中枢核心能力平台,统一提供共性技术、业务协同能力组件200个,建设以AI计算、区块链等为支撑的赋能平台。"用",指在政府管理、公共服务、社会治理等领域开展应用示范,打造30个典型智能化应用场景。

1.1.4　正确认识自己,合理定位,体现自我价值

高职院校培养学生,让学生掌握一定的技能,拥有一技之长,具备扎实的理论基础,毕业后既可以走入社会,为社会服务,创造自己的人生价值,也可以选择继续深造,进入更高学历层次进行学习。因此,高职学生在校期间,一定要有清醒的自我认知,知道自己能做什么,可以做什么,在学校努力提升自己的能力,为未来的竞争打下基础,赢得优势。

1. 正确认识自己,合理定位

高职教育面向实践能力的培养切合市场和社会发展的实际需求,深受企业的青睐。通过电子信息导论的学习,我们了解到电子信息产业概貌,了解了电子信息产业对人才的需求状况,这有助于我们认清自己,知道企业的需要,合理给自己定位,无论市场、环境怎么变化,都不迷失自己,乘风破浪,扬帆前进。

电子信息类的培养目标和就业方向、就业领域,是我们未来职业生涯规划的基本依据。专业匹配,是职业生涯规划的目标之一,否则必然会付出转换成本,无论对于个人还是社会都是巨大的浪费。就业岗位是我们走向发展的起点,是提升自我的平台,就业之前我们不能仅仅看到现在,更要看到未来,不能要求马上有自己满意的工作,更需要自己在实践中慢慢调整,最终在就业中胜出。

2. 正确定位,树立价值观

认清自己是每个高职学生要做好的第一件事情,只有这样才会知道自己适合做什么,可以做什么。只有这样才知道自己所学专业适不适合自己,未来发展可能性有多大。给自己正确定位,培养自己的专业兴趣,然后全力投入,不断地进行自我充实,通过各种方式来增强自己的专长,在未来的竞争中胜出。

就业将受社会需求制约,如果知识观念、能力脱离社会需要,将很难被社会接纳。社会发展日新月异,电子信息行业不断涌现出新的知识和方法,我们要从宏观上把握最新的

知识和操作能力，根据社会需要锻炼自己的能力，培养自己的综合素质，完善自己的人格，做到社会需求与个人能力的统一、社会需要与个人愿望的有机结合。我们要不断地进步和自我更新，去吸收最先进的理论，学习最先进的技能，不断充实自我，做到站在时代最前沿。

要想正确地认识自己，合理定位，体现自我价值，需要我们做出合理的学业生涯规划和职业生涯规划。这可以在后面的学习中更详细地了解。

任务实施

调研活动：电子信息产业发展现状与就业岗位需求。

1. 任务内容要求

选题：以我们周边的电子信息产业园为调研对象，命题自拟。重点关注这些电子信息产业园的发展现状与未来发展方向、所提供岗位需求及就业状况等。

调研报告需包括以下关键点：

（1）产业园地理位置、规模大小、发展现状、主要入驻企业；

（2）产业园提供的主要岗位、就业现状。

2. 任务提交资料

电子信息产业发展现状与就业岗位需求调查报告。

3. 格式要求

PPT 形式，要求图文并茂，格式美观，具有说服力。

4. 呈现形式

PPT 课堂路演。

任务评价

项目名称：电子信息产业发展现状与就业岗位需求调研	项目承接人： 姓名：	日期：
项目要求	扣分标准	得分情况
主题选择（15 分） 以周边电子信息产业园为对象，命题自拟。 包括产业园基本情况介绍、企业岗位介绍等。	所选主题不切题（扣 5 分） 所选主题内容表述不清楚（扣 5 分）	
关键要求一（25 分） 电子信息产业园基本情况介绍	对信息产业园基本情况介绍不清楚（扣 5 分） 图文不当（扣 5 分） 资料引用过时（扣 5 分）	
关键要求二（25 分） 电子信息产业园岗位介绍	岗位分析不清楚（扣 10 分） PPT 软件操作不熟练（扣 5 分）	

续表

项目名称：电子信息产业发展现状与就业岗位需求调研	项目承接人： 姓名：	日期：
项目要求	扣分标准	得分情况
关键要求三（15分） 调研得出的结论：与本专业结合阐述	对调研结论没有总结分析（扣10分） 对调研结论分析不清楚（扣5分）	
整体内容的美感（20分） PPT的制作、演讲人的发挥	根据个人路演表现形式，酌情扣分	
评价人	评价说明	备注
个人		
老师		

任务1.2 电子信息大类的学习

任务引入

　　大家入学报读专业时，可能听到一个名词叫"大类招生"，考生就是通过"电子信息大类"招生入学的。那么，究竟什么是大类招生？我们为什么要进行大类招生？大类招生对学生的学习，会带来什么样的好处？

　　听说大学的专业课很难学，以前学一个专业就够头疼的，现在要学一个专业大类，这会不会增加学习负担，会不会因此无法顺利完成学业拿到毕业证啊？

　　专业大类是指高校将相同或相近学科门类，通常是同院系的专业合并，按一个大类招生。学生入校后，经过1~2年的基础培养，再根据兴趣和双向选择原则进行专业分流。

　　大类招生是相对于按专业招生而言的，是高校实行"通才教育"的一种改革。大类招生并不是相近专业的简单归并，而是涉及人才培养模式、课程体系、教学方式方法的一次深刻改革，是学校教学改革的深化和发展，也是学校进行内涵建设、提高人才培养质量的重要举措。

　　大类招生政策坚持以"厚基础，宽口径"为原则，强化做人（人格素质）的基础和强化做事（职业能力）的基础，根据人才培养目标要求，以市场需求为导向，以地方、行业经济结构变化为依据，以支柱产业和高新技术产业发展为重点，突破单一学科式设置模式，实行按大类专业招生，小专业（专门化）施教，设置柔性专业方向，让学生就业时更能从容应对工作岗位的复合和拓展。大类招生已经成为职业院校提高办学水平、提高人才培养质量的战略重点，也是现代职教体系建设的主要内容。

任务目标

◆ 了解电子信息大类的办学特点；
◆ 了解电子信息大类各专业特色及培养目标、就业领域；
◆ 初步学习电器的智能控制技术。

任务描述

在对电子信息产业现状和岗位需求有了一定了解后，大家需要关心的，就是大学几年学什么的问题了。这关系到学习的是否是自己喜欢的专业，毕业后能否顺利地投入这个产业中搏击时代潮流，能否实现自我的人生价值。

电子信息大类都有哪些主要专业？各专业有什么特色？培养目标是什么？就业领域有哪些方面？有没有我最感兴趣的？专业分流时，我该选择什么样的专业？

请同学们查阅资料，选择本校电子信息类自己喜爱的专业，制作成PPT，对该专业作一个较为深入的研究，并推介给同学们吧！

知识准备

1.2.1 电子信息类专业大类

"中国制造2025"制造强国战略的实施，使国内制造业和其他行业的创新能力越来越强，生产过程的操控智能化程度越来越高。

云计算和大数据在各行业各环节中发挥着重要作用，集成电路设计和封装的自主研发制造、移动通信设备核心技术研发、操作系统和应用软件自主设计、机器人和数控系统及关系部件的研究设计水平，均需大幅提高，随之对于综合素质较高的电子信息类应用复合型人才需求也日益增加。社会需要技术技能型人才应具备产品设计及创新能力，对现有及更新后的自动化设备的学习操作能力，对生产工艺流程方案改进和完善能力，对开发并应用软件和网络系统实现企业生产、管理、销售、信息处理等能力，以达到企业生产管理科学化，各方面都需要大量电子信息类人才的参与。因此，电子信息大类建设中，主要围绕"中国制造2025"将各专业融合，将专业大类与地方产业集群衔接，通过人才培养模式的改革与创新，各专业资源的共享，包括共享型实训基地、师资团队、创新实践平台、教学课程体系等，培养复合型技术技能型人才，更好地服务装备制造业和电子信息产业。

近年来，高职院校选择办学实力强、就业率高的重点建设专业作为核心专业，将若干个工程对象相同、技术领域相近或专业学科基础相近的专业组成的一个集合，打造高水平专业群。电子信息类专业大类已经成为我国高职院校建设高水平示范性专业群的热门专业大类，主要涉及的专业类别有电子信息工程、通信工程、微电子技术、光电信息工程、计算机科学与技术、信息安全、物联网工程等。各高职院校在建设该专业群时，重点打造的专业有一定区别，主要是围绕地方经济发展的需要进行设置，为满足各地方经济的发展培养大量高素质应用型人才。

国家级高水平专业群的打造，需要配备一支拥有国家级职业教育教师教学的创新团队，要求专业实力雄厚，师资力量强大。一般高校在进行专业建设时，会与国内行业领军企业如中移物联网、海尔、新大陆、华为等深度融合，共建产业学院和产教融合人才培养基地、国家高技能人才培训基地、工信部物联网实训基地、国家级技能大师工作室等省部级平台，甚至包括建设世界技能大赛集训基地等，来为专业建设服务。

专业大类精准对接地方智能产业链人才需求，培养适应如集成电路设计测试、智能终端开发应用、电子信息系统集成、物联网系统方案解决、生产管理与技术服务等工作的高素质技术技能人才，并通过专业技能大赛、专升本、自主创新创业等，来全面提升学生专业水平，拓展学生就业渠道。

专业大类的学习，一般是在第一学年学习基础课程及专业基础课程，加强学生对专业的认识，第一学年结束后根据个人学业成绩和职业发展目标进行专业分流，选择群内某一专业继续深造。

这里，我们重点介绍电子信息工程技术、应用电子技术、微电子技术、智能终端技术与应用、物联网应用技术等5个专业，这是一些高职院校打造国家"双高计划"——中国特色高水平专业群的核心。

1. 电子信息工程技术

（1）培养目标

面向软件和信息技术服务业、计算机通信和其他电子设备业等行业的电子工程技术人员、信息和通信工程技术人员、电子设备装配调试人员等职业群，培养能够从事电子产品设计应用、电子信息系统集成、信息系统管理与运维、生产管理与技术服务等工作，适应产业转型升级和企业技术创新需要的发展型、复合型、创新型的高素质技术技能人才。

（2）就业领域

电子产品设计应用、电子信息系统集成、电子信息工程实施、信息系统管理与运维、生产管理与技术服务、电子产品营销与服务等岗位。

2. 应用电子技术

（1）培养目标

面向现代电子技术、信息技术、计算机技术、人工智能、5G通信等高新技术的综合应用行业，培养理论功底扎实、综合应用能力强、创新创意思维的电子应用技术人才，能从事各类电子产品的硬件电路开发、嵌入式软件编程、综合应用系统集成及维护、电子产品调试及维修、生产管理、销售培训等相关工作，适应产业转型升级和企业技术创新需要的发展型、复合型、创新型的高素质技术技能人才。

（2）就业领域

智能电子产品开发、智能设备系统集成、智能电子产品装配与调试、智能产品销售与服务等岗位。

3. 微电子技术

（1）培养目标

面向芯片产业链的半导体制造、封装测试、芯片设计应用等职业群，培养能够从事智能终端调试、集成电路封装与测试、集成电路设计、产品营销与服务等工作，适应产业转型升级和企业技术创新需要的发展型、复合型、创新型的高素质技术技能人才。

(2) 就业领域

集成电路板设计、芯片制造、集成电路封装测试，智能终端调试、电子工艺（半导体）设备运行管理，电子产品的设计与开发、产品销售与服务等国家战略型产业急需的热门岗位。

4. 智能终端技术与应用

（1）培养目标

面向"智能制造"国家战略，服务地方"新型智慧城市"建设，培养智慧交通、智能家居、智能机器人等产业急需的专业技术人才。能胜任各行业智能终端的开发与应用、平台运营及技术支持、系统调试及设备维修、产品销售及客户培训等工作，适应产业转型升级和企业技术创新需要的发展型、复合型、创新型的高素质技术技能人才。

（2）就业领域

"智能制造"及"智慧生活"领域内的智能终端软硬件开发、应用系统的集成及维护、智能终端装配调试及维修、智能终端销售与客服等岗位。

5. 物联网应用技术

（1）培养目标

培养德、智、体、美全面发展，具有创新思维意识、团队协作、创新实践等职业社会能力，掌握物联网基础知识和物联网系统构建方法，具备物联网系统设计与管理、系统集成、调试与运维、技术支持等专业能力，符合电子信息产业升级、ICT技术创新需要的发展型、复合型、创新型的高素质技术技能人才。

（2）就业领域

主要从事物联网智慧城市领域系统设计与运维、物联网应用软件开发、物联网系统及解决方案、物联网工程服务等岗位。

1.2.2　电子信息大类主要专业课程介绍

1. 专业基础课

电子信息大类各专业的专业基础课大体一致，主要有模拟电路、数字电路、电工电路、单片机、C语言、传感器等课程。

1）模拟电路

模拟电路是指用来对模拟信号进行传输、变换、处理、放大、测量和显示等工作的电路。

模拟信号是指连续变化的电信号。

模拟电路是电子电路的基础，它主要包括放大电路、信号运算和处理电路、振荡电路、调制和解调电路及电源等。

2）数字电路

用数字信号完成对数字量进行算术运算和逻辑运算的电路称为数字电路，或数字系统。它具有逻辑运算和逻辑处理功能，又称数字逻辑电路。

数字电路或数字集成电路是由许多逻辑门组成的复杂电路。与模拟电路相比，它主要进行数字信号的处理（即信号以0与1两个状态表示），抗干扰能力较强。数字集成电路有各种门电路、触发器以及由它们构成的各种组合逻辑电路和时序逻辑电路。通过模拟/数字转换器、数字/模拟转换器，数字电路可以和模拟电路互相连接。

3）电工电路

电工是为了某种需要，由电工设备或电路元件按一定方式组合而成的电流的通路，包括电路的基础概念和基本定律、交/直流电路分析、电容/电感元件工作特性等内容，是电工技术、电子技术的基础。

4）单片机

单片机是一种集成电路芯片，又称单片微控制器，它把一个计算机系统集成到一个芯片上，相当于一个微型的计算机。和计算机相比，单片机只缺少了 I/O 接口设备。它的体积小、质量轻、价格便宜，为学习、应用和开发提供了便利条件。同时，学习使用单片机是了解计算机原理与结构的最佳选择。

单片机的使用领域已十分广泛，如智能仪表、实时工控、通信设备、导航系统、家用电器等。

5）C 语言

C 语言是一门面向过程的、抽象化的通用程序设计语言，描述问题迅速，工作量小，可读性好，易于调试、修改和移植，广泛应用于底层开发。

C 语言以简易的方式编译、处理低级存储器，拥有跨平台的特性，可在单片机、嵌入式处理器，以及超级计算机等作业平台等许多计算机平台上进行编译。

6）传感器

传感器是一种检测装置，能感受到被测量的信息，是一种将感受到的信息，按一定规律变换成为电信号输出的电气元件，能够满足信息的传输、处理、存储、显示、记录和控制等要求。

传感器具有微型化、数字化、智能化、多功能化、系统化、网络化的特点，它是实现自动检测和自动控制的首要环节。传感器的存在和发展，让物体有了触觉、味觉和嗅觉等"电五官"，慢慢变得活了起来。通常根据其基本感知功能分为热敏元件、光敏元件、气敏元件、力敏元件、磁敏元件、湿敏元件、声敏元件、放射线敏感元件、色敏元件和味敏元件等十大类。

2. 信号与信息处理技术

信号与信息处理是以研究信号与信息的处理为主体，包含信息获取、变换、存储、传输、交换、应用等环节中的信号与信息的处理，是信息科学的重要组成部分。

信号与信息处理技术已渗透到计算机、通信、交通运输、医学、物理、化学、生物学、军事、经济等各个领域。它探索信号的基本表示、分析和合成方法，研究从信号中提取信息的基本途径及实用算法，发展各类信号和信息的编解码的新理论及技术，提高信号传输存储的有效性和可靠性。

3. 计算机网络技术

计算机网络技术是通信技术与计算机技术相结合的产物。计算机网络是按照网络协议，将地球上分散的、独立的计算机相互连接的集合。连接介质可以是电缆、双绞线、光纤、微波、载波或通信卫星。计算机网络具有共享硬件、软件和数据资源的功能，具有对共享数据资源集中处理、管理和维护的能力。

计算机网络技术实现了资源共享。人们可以在办公室、家里或其他任何地方，访问查询网上的任何资源，极大地提高了工作效率，促进了办公自动化、工厂自动化、家庭自动化的发展，计算机网络是服务现代科技的开端。

4. 现代通信技术

所谓通信，最简单的理解，也是最基本的理解，就是人与人沟通的方法。无论是电话还是网络，解决的最基本问题，实际还是人与人的沟通。现代通信技术，就是随着科技的不断发展，采用最新的技术来不断优化通信的各种方式，让人与人的沟通变得更为便捷、有效。

通信技术是通信系统和通信网的技术。通信系统是指点对点通信所需的全部设施，通信网是由许多通信系统组成的多点之间能相互通信的全部设施。现代的主要通信技术有数字通信技术、程控交换技术、信息传输技术、通信网络技术、数据通信与数据网、ISDN 与 ATM 技术、宽带 IP 技术、接入网与接入技术等。

5. 物联网技术与应用

物联网是指射频识别（RFID）、红外感应器、全球定位系统、激光扫描器等信息传感设备，通过物联网域名，将任何物品与互联网相连接，进行信息交换和通信，以实现智能化识别、定位、跟踪、监控和管理的一种网络概念。

物联网应用技术包括射频、嵌入式、传感器、无线传输、信息处理、物联网域名等物联网技术，以及物联网系统的传感层、传输层和应用层关键设计等专门知识和技能，实践环节包括 WSN、RFID 系统、局域网、安防监控系统等工程设计、施工、安装、调试、维护等操作技能。

6. 自动控制技术

自动控制通过具有一定控制功能的自动控制系统，来完成某种控制任务，保证某个过程按照预想进行，或者实现某个预设的目标。自动控制目前的发展方向是智能化、网络化、高精化、微型化和综合化。

自动控制以控制理论、计算机科学、人工智能、运筹学等学科为基础，扩展了相关的理论和技术，其中应用较多的有模糊逻辑、神经网络、专家系统、遗传算法等理论，以及自适应控制、自组织控制和自学习控制等技术，具有智能信息处理、智能信息反馈和智能控制决策的控制方式，是控制理论发展的高级阶段，主要用来解决那些用传统方法难以解决的复杂系统的控制问题。

7. 信息安全

信息是当今社会发展的重要战略资源，是衡量一个国家综合国力的重要标志。

信息安全包括通信保密、计算机安全、信息系统安全、信息基础设施、应用服务和信息内容安全；对通信信息的保密性、完整性、真实性、可控性，信息基础设施的可用性以及交互行为的不可否认性的全面保护。

1.2.3 电器的智能控制技术

智能化正成为电子信息产业的重要发展趋势，以智能为核心的技术产品不断涌现，以智能为核心的技术产品创新在多个领域取得突破性进展，并持续快速演进。

智能产品已在城市管理、能源利用、生态改善以及医疗、交通、食品安全追溯等领域得到应用。智能技术与其他技术的融合，以及在汽车、机器人、家用电器等领域的应用，正在丰富电子信息产业的发展内涵，使电子信息产业焕发出新的生机和活力。

电子产品要实现智能化，需将微处理器、传感器技术、网络通信技术引入设备，形成具有自动监测自身故障、自动测量、自动控制、自动调节、与远方控制中心通信的功能，从而部分或全部代替人完成某些操作，或完成人类不能完成的操作。

其实，智能化一点也不神秘。回想早期的电熨斗、电饭锅温控器，它们就已经有了智能化的特征。但是那个时候智能化特征相对来说比较低，也没有形成智能化的概念。随着传感技术、芯片技术、RFID 技术、网络技术的发展，真正意义上的智能产品开始进入我们的生活。

1. 电器控制技术的智能化

电器要如何实现智能化呢？

用电器不可能一直工作，必须能控制它的通断。一支小手电的工作，具有构成一个电路的全部要素：电源、开关、用电器、导线，如图 1-21 所示。

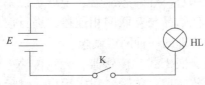

图 1-21 手电筒工作电路

对于用电器，一般都是使用交流电，如图 1-22 所示，分别用一个开关来控制电灯、电机、加热丝的工作。给电机加上叶片，就变成风扇，给加热丝加上锅体，就变成电炒锅、电饭锅了。

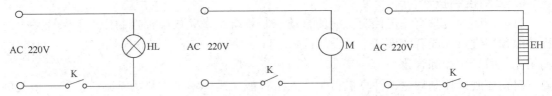

图 1-22 交流电灯、电机、加热丝工作电路

但是，用一般开关来控制电器工作时，会有一个很严重的问题，如风扇不能调速，加热丝不能调温。一个最简单的解决方法就是用人来值守，当温度到的时候，就直接断电。如果要控制风扇的转速，可以让开关通 1 秒、断 1 秒，或者是通 1 秒、断 2 秒，这样，风扇利用动力和惯性运转，就可实现转速的控制，但这种控制实在麻烦。

以电饭锅为例，一种简单的自动控温办法，就是采用"感温磁钢"，当温度达到感温磁钢的居里温度（103℃±2℃）时，感温磁钢自动断电跳闸，完成煮饭过程。可以说，这是一种最基本的智能电器，如图 1-23 所示。

现代智能化技术，引入了单片机、传感器等技术来控制电器的工作，单片机的 CPU 把传感器收集的信息进行加工处理，按照我们设定的要求去控制工作元件的动作，甚至通过网络化技术，实现远程控制。

但要完成这样的智能化控制，首先要使用可以由 CPU 控制的开关器件，来代替传统开关控制电路的通断。智能电器中，普遍使用的可控开关器件是晶闸管和继电器。智能电器中使用的双向晶闸管 TRIAC，它拥有一个控制极 G 极，两个主电极 T1、T2，将它接入电路中代替开关，只要给控制极 G 极一个控制信号，主电极 T1、T2 就可以导通，如图 1-24 所示。

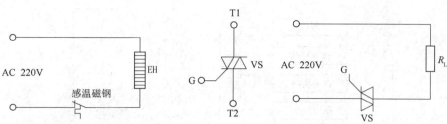

图 1-23　感温磁钢控制控温电路　　图 1-24　晶闸管工作电路

这个控制极 G 极的控制信号，一般来自 CPU 输出的一个脉动信号，通过控制晶闸管的通断，来控制工作元件的工作状态，从而实现控制的"智能"化，如图 1-25 所示。

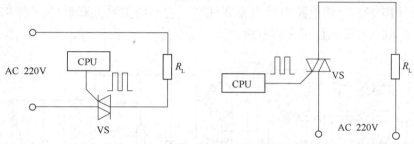

图 1-25　CPU 控制晶闸管基础电路

以洗衣机为例，给 CPU 装上各种传感器，让它能感知到衣服的多少、脏污程度、是什么布料，甚至包括水温的高低、洗衣液的成分品质，自动选择最佳洗涤强弱、洗涤时间、漂洗次数，直到衣服完全洗干净为止。而整个洗涤过程，主要就是控制洗衣电机的运转速度、运转时间等，如图 1-26 所示。

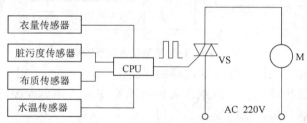

图 1-26　洗衣机电机控制原理图

如果是空调，可以让 CPU 根据环境温度、湿度、空气质量、主人身体状况等，来控制压缩机的运转、送风的方向和强弱等，甚至可以根据主人平时使用习惯，来控制空调的运行状态，如图 1-27 所示。

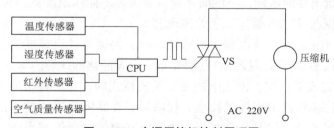

图 1-27　空调压缩机控制原理图

继电器 RELAY，是用一个线圈来控制触点开关的通断，如图 1-28 所示。它的电路符号的两部分经常分开来画：一个是触点开关，另一个是控制端的线圈，它们使用的元件名称是一样的，但位置可能较远。

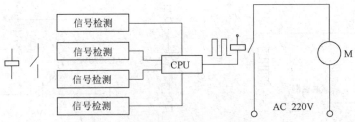

图 1-28　继电器控制电路原理图

如图 1-29 所示的自然风风扇电路原理图中，电风扇之所以拥有了自然风功能，是多了一个自然风控制电路，来控制继电器 JZC-78F（元件符号 KR）的动作。图中，KR 的线圈和触点位置相距较远，看电路图时大家要注意。它们的关系是联动的，当 KR 线圈通断的时候，KR 的触点也要执行相应的通断。

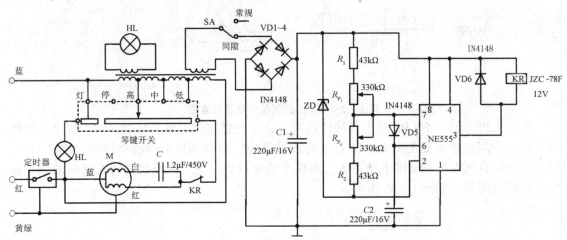

图 1-29　自然风风扇电路原理图

现代智能电器，除了工作元件控制过程的智能化外，还增加了很多额外的功能。比如，可实现远程控制的网络化功能，可以跟主人进行语音交流，并实现控制的交互式智能控制功能，具有安防、健康与医疗功能等。

智能电器的控制技术，随着各种新技术的不断涌现，一直不停地进步着，与传统的电器相比，出现了较为明显的区别。

2. 智能电器与传统电器的区别

智能电器和传统电器的区别，不能简单地以是否装了操作系统，是否装了芯片来区分。它们的区别主要表现在对"智能"二字的体现上。

（1）感知对象不一样。传统电器主要感知时间、温度等；而智能电器对人的情感、动作、行为习惯都可以感知，可以按照这些感知做一定智能化的执行。

（2）技术处理方式不一样。传统电器更多是机械式的，是一种很简单的执行过程。智能电器的运作过程往往依赖于单片机技术、物联网、互联网等现代技术的应用和处理，有机地组合成一套控制系统。如图 1-30 所示为某家庭智能电器控制系统方案示意图，构成了一套智能家居系统。

（3）应对需求不一样。传统电器应对的需求就是生产和生活中的一些基本需求，而智能电器所应对的需求更加丰富、层次更高。

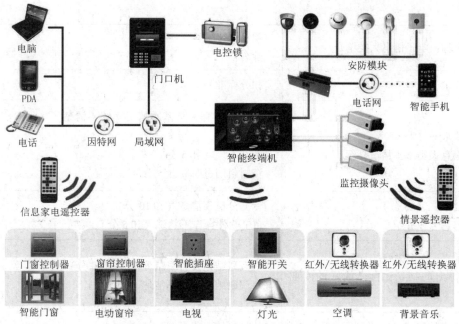

图1-30 智能电器控制系统方案示意图

任务实施

校内调研活动：我喜欢的专业。

1. 任务内容要求

选题：查找相关资料，了解学校电子信息大类都有哪些专业、各有什么特色，培养目标是什么，就业领域有哪些方面。再根据专业情况，分析自己的意向，初步考虑选择的专业范围。

调研报告需包括以下关键点：

(1) 学校电子信息大类包括的专业、专业特色、培养目标、就业领域；

(2) 我偏好的专业、理由（可选择2~3个专业）。

2. 任务提交资料

电子信息大类调查报告。

3. 格式要求

PPT形式，要求图文并茂，格式美观，具有说服力。

4. 呈现形式

小组提交，PPT课堂路演。

任务评价

项目名称：电子信息大类调研	项目承接人： 姓名：	日期：
项目要求	扣分标准	得分情况
主题选择（15分） 以电子信息大类为对象，命题自拟。 包括专业大类情况介绍、专业介绍等。	所选主题不切题（扣5分） 所选主题内容表述不清楚（扣5分）	

续表

项目名称：电子信息大类调研	项目承接人： 姓名：	日期：
项目要求	扣分标准	得分情况
关键要求一（25分） 电子信息大类基本情况介绍	对电子信息大类基本情况介绍不清楚（扣5分） 图文不当（扣5分） 资料引用过时（扣5分）	
关键要求二（25分） 电子信息专业介绍	专业分析不清楚（扣10分） PPT软件操作不熟练（扣5分）	
关键要求三（15分） 调研得出的结论：自己偏好的专业阐述	对调研结论没有总结分析（扣10分） 对调研结论分析不清楚（扣5分）	
整体内容的美感（20分） PPT的制作、演讲人的发挥	根据个人路演表现形式，酌情扣分	
评价人	评价说明	备注
个人		
老师		

任务1.3　电子信息安全技术

任务引入

汪芷同学最近有些烦恼。她只是偶尔浏览了一个房地产广告，填了个问卷表，领了个小礼物，就常常接到一些陌生号码打来的电话和发来的短信。她在想，是不是她的个人信息被泄露了。

她发现现在很多事情都要通过手机来完成，需要使用姓名、肖像、声音（声纹）、指纹、身份证号码，还要登录她的各种社交软件账号（QQ、微信、支付宝、微博等），如果个人信息泄露，还真会带来很大麻烦。

通过查阅资料，她发现信息安全不仅会影响个人生活，更是一个关系国家安全和主权、社会稳定、民族文化继承和发扬的重要问题。其重要性，正随着全球信息化步伐的加快越来越重要。信息安全是一门涉及计算机科学、网络技术、通信技术、密码技术、信息安全技术、应用数学、数论、信息论等多种学科的综合性学科。

信息安全要让网络系统的硬件、软件及其系统中的数据受到保护,不受偶然的或者恶意的因素影响而遭到破坏、更改、泄露,系统可以连续、可靠、正常地运行,网络服务不中断。看来,了解信息的安全防范知识,很有必要!

任务目标

- ◆认识电子信息安全技术的重要性;
- ◆通过查找资料,了解常见的电子信息安全问题;
- ◆能主动获取有效信息,展示学习成果,对学习进行总结和反思。

任务描述

网络在带给人们巨大便利的同时,也给一些不法分子可乘之机,网上诈骗案件种类繁多,呈日趋频发的态势。学校教给我们谋生技能,培养我们良好的素质,在面对不法分子布下的陷阱时,作为学生更需要学会识破各种骗局,保护自己及家人的财产,这也是互联网时代年轻人应该掌握的重要技能。

请大家查找资料,看看主要的安全事件类型有哪些,大学生的生活中,需要注意哪些跟电子信息技术有关的安全问题,然后进行一次安全活动的宣讲会。

知识准备

1.3.1 信息安全概述

随着信息化的发展,以互联网为基础的计算、通信和信息共享成为社会重要的公共设施,其安全性成为各方利益冲突和争夺的主战场。随着云计算、物联网、大数据等技术的应用,电子信息安全已经成为继陆、海、空、天之后的"第五维空间",成为各国角逐权力的新战场。

1. 信息安全的概念

信息是有价值的符号、数据、图片和语言,它能够被人们创建、使用、处理、存储、传输、消除。

信息安全是指保持、维持信息的保密性、完整性和可用性,也可包括真实性、可核查性、抗抵赖性和可靠性等性质。信息安全的目标是保证信息上述安全属性得到保持,从而为组织业务运行能力提供支撑。对于建立在网络基础上的现代信息系统,信息安全是指保护信息系统的硬件、软件及相关数据,使信息不因偶然或者恶意侵犯而遭受破坏、更改及泄露,保证信息系统能够连续、可靠、正常地运行。

2. 信息安全形势

随着信息技术的发展,计算机网络已经成了全天候、通全球、个人化、智能化的信息高速公路,云计算、大数据、物联网使社会各个领域形成对网络信息传输的高度依赖,同时,也使信息安全形势变得十分严峻。如图1-31所示为计算机网络可能给信息传递带来的安全问题。

网络安全问题给信息技术的健康发展带来极大的挑战,这些问题主要体现在以下三个方面。

(1) 针对网络信息的破坏活动日益严重,使多数国家信息安全形势堪忧,经济安全面临威胁,社会安定遭到破坏,网络违法犯罪案件居高不下,传统领域的违法犯罪活动逐渐向互联网渗透,信息安全已经直接与国家安全紧密相关。

(2) 安全漏洞和安全隐患增多,对信息安全构成严重威胁。客户信息泄露、核心数据资料被偷窃、网络瘫痪、恶意的内部攻击等,给组织单位企业带来严重的损失。

(3) 黑客攻击、恶意代码对重要信息系统安全造成严重影响,轻则导致系统瘫痪,影响社会和经济活动,重则造成大范围动荡。

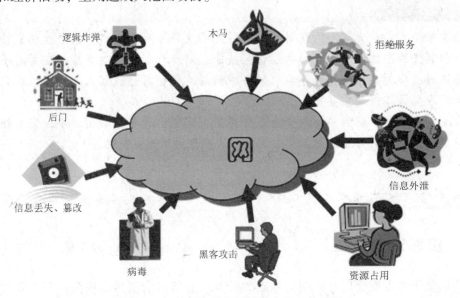

图 1-31 计算机网络可能带来的安全问题

1.3.2 信息安全的种类

根据信息安全的定义,信息安全的种类包括以下几种:

1. 物理安全

物理安全是指保护计算机设备、设施(含网络)等免遭破坏、丢失。

2. 运行安全

运行安全是指信息处理过程中的安全。运行安全范围主要包括系统风险管理、备份与恢复、应急三个方面的内容。

3. 应用安全

应用安全包括操作系统安全、数据库安全、网络安全(病毒防护、访问控制、加密与鉴别)。

4. 人员安全

人员安全主要是指计算机工作人员的安全意识、安全技能等。

1.3.3 信息安全问题产生的根源

1. 利益的斗争带来信息安全问题

《孙子兵法》精辟地指出："知己知彼，百战不殆。"要做到知彼，即依靠各种手段获得对方的各种信息，这是取得胜利的关键因素。

对于国家层面的信息系统领域，"对抗"是个本征属性（矛盾斗争的必然表现形式），在信息系统安全方面必然有强烈的反映。信息攻击、反信息攻击、反反信息反攻击……继续地以对抗形式发展，这是一条永存的规律。

2. 科技发展不完备或差距导致信息安全问题

人对科学技术的掌握是一个持续的过程，这个过程不会一蹴而就，也不会完结。信息领域的科学问题同样遵循这种过程，因此在某时间区间内，信息技术上必然会因不完善而造成技术使用者在安全方面遇到某种或多种问题。

科学技术在人类不同群体中掌握的程度不同，知识不对称是客观存在的事实，信息系统种类繁多，涉及很多不同的科技问题。因此对于信息技术来说，知识掌握落后、不完备，事先估计和应对状态、处置设定不充分，是发生各种信息安全问题的一个主要根源。

3. 个人因素造成信息安全问题

个人工作时各种失误造成信息安全问题。个人在工作中，会由于种种原因（如长期高度紧张地工作、知识水平的限制等）发生疏漏、发生错误，从统计学角度来看这其中必然会有不可避免的部分。

另外，个人缺乏信息安全意识、人为故意破坏等，都可能引发信息安全问题。

4. 自然灾害带来信息的安全问题

自然灾害无处不在，洪水、火灾、雷电、地震等都是信息安全的严重威胁者，爆发时会使通信中断，甚至信息毁灭。

1.3.4 常见安全事件类型

1. 个人信息安全

个人信息是指以电子或者其他方式记录的能够单独或者与其他信息结合识别自然人个人身份的各种信息，包括但不限于自然人的姓名、出生日期、身份证件号码、个人生物识别信息、住址、电话号码等。

在电子商务时代里，了解并满足用户的需求和期望，是网上经营者首要的任务，而最可靠的用户信息来自用户自身。

网络用户都会遇到这样的经历，即在网上浏览、咨询或购物时，总要填写一系列表格，这些个人资料包括：个人识别资料，如姓名、性别、年龄、身份证号码、电话、通信地址等情况；个人背景，如职业、教育程度、收入状况、婚姻、家庭状况等。然而网站却不能详细说明需要这些数据的原因、数据的使用目的及处置方式。网站声称对个人信息安全负责，但填表者根本无法监督其对个人信息的使用情况，对可能产生的风险也无从得知。

典型的个人信息泄露行为与防范要点见表1-1。

表1-1 典型的个人信息泄露行为与防范要点

典型信息泄露行为	信息泄露内容	防范要点
随手乱丢快递单	姓名、电话号码、工作地点、家庭住址	完全撕碎快递单
星座、性格测试	姓名、出生年月	拒绝参加
分享送流量	不法分子确认手机号是有效的	确认是官方产品或业务活动才参与,否则涉嫌诱导分享
抢红包输入个人信息	姓名、手机号	要求输入个人信息领取的很大可能是假红包
微博发帖;朋友圈分享旅行信息	家中没人可能引来窃贼	信息分享注意隐私
晒图	照片元数据中包含GPS位置信息	拍照时关闭GPS,删除图片属性中的位置相关信息,发送照片的截屏图
允许陌生人查看社交网络个人档案和朋友圈图片	生日、爱好、电话号码等	设置访问规则,限制访问范围
机构数据泄露	账户信息、医疗信息等	关注信息泄露事件,及时调整设置口令、更换信用卡等

2. Wi-Fi 安全

由于Wi-Fi的频段在世界范围内是无须任何电信运营执照的,所以无线设备可以方便地提供一个世界范围内可以使用的、费用极其低廉且数据带宽极高的无线接口。Wi-Fi无线保真技术与蓝牙技术一样,同属于在办公室和家庭中使用的短距离无线技术。

Wi-Fi在可移动设备上的应用越来越广泛,而智能手机就是其中的一分子。与早前应用于手机上的蓝牙技术不同,Wi-Fi具有更大的覆盖范围和更高的传输速率,因此,Wi-Fi智能手机成为2010年以来移动通信业界的时尚潮流。一般连接Wi-Fi有两种模式:一种是先打开无线网络,点击并连接某一通信运营商的无线网络,然后打开浏览器,输入任意网址,浏览器会自动转入该无线的业务首页。然后根据提示输入手机号码,并点击"发送上网验证码"。随后,手机会收到一个上网验证码的短信,这时再打开浏览器,输入收到的验证码,点击"连接上网"就可以成功上网了。另一种就更为简单了,直接连接无线网络,然后输入无线架设者提供的连接密码,就可以上网了。

"免费热点看见就连,当心背后有风险。"攻击者利用人们节省流量的心理架设假冒的Wi-Fi热点,对受害人进行窃取数据、注入恶意软件、下载有害内容等侵害。如图1-32所示,Wi-Fi泄密非常容易。那么,黑客是如何通过Wi-Fi在公共场所盗取用户信息的呢?

一台笔记本计算机
一块无线网卡
一套网络包分析软件
一根天线
就可以伪造一个Wi-Fi网络，成本非常低，技术要求也不高

图 1-32　Wi-Fi 泄密非常容易

目前来看，黑客在公共场所通过 Wi-Fi 盗取用户信息主要有三种方式。第一种方法是搭建假 Wi-Fi，诱骗大家点击是最常见的手段。黑客通常会在有无线网络的公共场所，只要一台计算机、一套无线网络设备及一个网络包分析软件，设置一个无线热点，就能轻松搭建出一个 Wi-Fi 网络，同时为了让更多的手机用户被欺骗连接到该网络，该虚假 Wi-Fi 的命名会和周围免费无线网络的名称相同或者相似，且不设密码，就可以轻松接入。周围人群的手机搜索到安全 Wi-Fi 和虚假 Wi-Fi 网络，因为后者不需要密码，而且和安全的无线网络的名称差不多，很多用户会首先连接它。

接下来，黑客就可以用软件把连接虚假无线网络的用户数据全部复制下来，然后利用专门的软件进行"破译"。这样，无论用户在手机或者笔记本计算机上浏览了哪些网站，这些网站又回复了哪些数据，比如文字、图片等，以及用户登录时的用户名、密码，包括网银密码、炒股账号密码等，都可以分析出来。

第二种方法是黑客向连接虚假 Wi-Fi 的终端设备发送含有病毒的网页或邮件等，如果用户打开了该病毒文件，那么手机等终端就可能被安装木马程序，然后黑客就会盗取手机里的信息。

第三种方法就是给软件或是网站种植病毒程序，现在的智能手机是可以通过网络装载各种游戏、软件的，所以黑客可能会瞄准这类网站，比如安卓系统有 Android 市场网站、苹果有 Apple Store 等，把病毒和木马植入这些程序里面，当人们下载、安装程序时，就会中病毒，黑客再以此获取用户信息。

3. 勒索软件

勒索软件是通过锁定系统屏幕或锁定用户文件，来阻止或限制用户正常使用计算机，并以此要挟用户支付赎金的一类恶意软件。勒索软件的吓人策略包括：锁定屏幕、删除备份文件、加速删除文件、提高赎金金额等。赎金形式包括真实货币、比特币以及其他虚拟货币。

4. 钓鱼网站和木马病毒

"网络套路深，遍地都是坑。"钓鱼网站是一种网络欺诈方式，指不法分子仿冒真实网站地址以及页面内容，或者利用真实网站漏洞，在某些网页中插入危险代码，以此来窃取用户银行或信用卡账号、密码等私人资料。

5. 恶意二维码

二维码是在平面上使用若干个与二进制数字 0 或 1 相对应的图形，来表示数据信息的几何形体。角落上的三个方块用于二维码扫描设备进行定位。二维码现大量用于信息获取、广告推送、优惠促销、防伪、支付等活动。

恶意二维码表现形式有：将病毒或木马挂在网上，得到网址；利用二维码生成软件，将网址换成二维码；通过各种途径传播恶意二维码，使用煽动性的话语诱骗用户扫描，下载和安装木马，如以降价、奖励为诱饵，要求被害人扫描二维码加入会员，实则附带木马病毒。

有些骗子在共享单车的解锁二维码上覆盖粘贴一层新的、底色透明的二维码，或打印张贴在共享单车上。所以大家在扫描二维码要求转账或下载软件时，要注意识别资金去向和软件来源。

6. 电信诈骗

电信诈骗是指不法分子通过电话、网络和短信方式，编造虚假信息，设置骗局，对受害人实施远程、非接触式诈骗，诱使受害人给不法分子打款或转账的犯罪行为，不法分子通常冒充他人及仿冒各种合法外衣和形式或伪造形式以达到欺骗的目的，如冒充公检法、冒充商家公司或厂家、国家机关工作人员、银行工作人员、大学生、解放军等，伪造和冒充招工、刷单、贷款、手机定位、招嫖等各种形式进行诈骗。

7. 口令安全

口令和密码是开启我们各种应用系统的钥匙，它可能是计算机安全方案中最薄弱的环节，口令设置得过于简单就会带来很多安全隐患——系统里面有关于个人的关键信息就会被泄露，例如身份证号码、电话号码、家庭住址等隐私信息，如果让犯罪分子获取了这些信息，利用这些信息进行犯罪活动，将给个人带来巨大损失。因此，设置难以猜测、难以破解的强口令确保系统安全就非常重要。

小知识 <<<

强口令

什么是强口令？

(1) 长度至少八位字符；

(2) 应混合字母、数字和@、#等特殊符号；

(3) 不要使用姓名、用户名、手机号码、生日、配偶/孩子姓名和生日等易于被人猜到的信息。

创建强口令的技巧：

例：找一个句子，有规律地从中选择字符组成口令。如："学校邮编 401331"，选择中文汉字的拼音首字母并把第一个字母大写，即 "Xxyb@401331"，这个口令就不错。又如好记的口号 "技高行天下 能强走世界" 口令即可写成 "jgxtx, nqzsj"，既便于记忆，又时刻勉励自己。

8. 手机安全

智能手机发展到今天，它像个人电脑一样，具有独立的操作系统、独立的运行空间，由用户自行安装软件、游戏、导航等第三方服务商提供的程序，通过移动通信网络来实现无线网络接入，不断加入人工智能、5G 等前沿科技，使智能手机成为用途最为广泛的电子信息设备。在智能手机极大地便利了我们生活的同时，也存在着不少的安全隐患。

1) 手机的信息安全隐患

（1）通信信息泄露。手机属于移动通信的服务业务内容，由于移动通信传输的广播特性，开放式的无线接口成为手机安全的薄弱环节，通过无线接口传送的信息很容易被窃听。

（2）位置信息泄露。移动台的位置信息是一种非常重要的信息，有些对手机用户位置感兴趣的人或组织，可以通过用户随身携带的手机来确定其位置，掌握其活动规律。比如通过无线电测向、移动定位系统、网络设备中的信息、手机内的信息、定位芯片等，都有可能泄露手机位置。

（3）个人信息泄露。智能手机上存储的信息，比如通话记录、往来短信、通信簿、账号密码等，都可能因信息泄露而导致经济损失乃至个人声誉损失。

（4）手机病毒的危害。手机病毒以手机为感染对象，以手机网络和计算机网络为平台，通过发送短信、彩信、电子邮件、浏览网站、下载铃声、应用程序（App）等方式进行传播，从而导致用户手机死机、关机、SIM 卡或芯片损坏、资料被删除、向外发送垃圾邮件、拨打电话、订购高额服务提供商业务、隐私外泄等损失。

2) 手机的安全防护方法

（1）养成良好的使用习惯。不要随便浏览不明网站信息；不随便扫描陌生二维码；不要在不明网站下载 App；不要把手机、银行卡、身份证等放在一起；手机丢失第一时间挂失。

（2）使用手机安全防护软件。现在的智能手机出厂时，一般都会预装安全防护软件。大家平时可养成定期使用安全防护软件对手机进行查杀、清理的使用习惯。

（3）换机安全。妥善处理旧手机。售卖、转让前，要彻底清除手机里的个人隐私信息。最简单的做法就是手机停用后立即恢复出厂设置。

1.3.5 常见防骗措施

1. 冒充身份类欺诈

嫌疑人冒充受害人的熟人或领导，在电话中让受害人猜猜他是谁，当受害人报出一熟人姓名后即予承认，谎称将来看望受害人。隔日，再打电话编造因赌博、嫖娼、吸毒等被公安机关查获，或以出车祸、生病等急需用钱为由，向受害人借钱并告知汇款账户，达到诈骗目的。

防范措施：

◆仔细辨别电话和网络里的对方身份

◆注意保护公民个人信息，如泄露会给骗子可乘之机

◆涉及转账、汇款等一定要电话或者当面核实

2. 钓鱼、木马病毒类欺诈

骗子通过互联网发送中奖信息，诱导受害人登录指定的网站兑奖。受害人一旦登录骗子指定网站，即受到木马攻击，被盗取用户信息。

防范措施：
- ◆不随意点击网上链接
- ◆登录网站时，需核实网址是否是官方网站
- ◆无法辨别真假时，向家长、老师和朋友求助

3. 网上兼职类欺诈

骗子利用网络招聘淘宝兼职工作，在淘宝上帮卖家刷信誉。受害人把东西拍下确认收货并给卖家好评，随即收到佣金和本金返还。受害人开始拍了两单都收到了佣金和本金返还。由于回报丰厚，卖家即诱导受害人多拍几件，能获得更多的佣金。然而，当受害人追加订单后，对方可能以订单被冻结，需要另行支付资金激活才能获得佣金等方式，骗走资金而后销声匿迹。

防范措施：
- ◆天上不会掉馅饼，遇到"好事"要冷静
- ◆参加兼职等活动需告知家长和老师

4. 优惠活动类欺诈

骗子利用朋友圈发送一些热门的"集赞送×××免费"优惠活动，吸引受害人参加。受害人在完成活动要求后，骗子即诱导受害人另外加钱可获得更多优惠，等受害人转账后，骗子立即将受害人"拖黑"……

防范措施：
- ◆涉及先付款的"优惠活动"谨慎参与
- ◆参与活动需选择信誉度高、有保障的商家
- ◆遇到欺诈需保留聊天记录、转账记录等证据，并报警求助

5. 中奖短信不轻信

骗子通过手机短信或互联网发送中奖信息，诱导受害人与骗子联系。受害人一旦与犯罪嫌疑人联系兑奖，对方即以先汇"个人所得税""公证费""转账手续费"等理由要求受害人汇款，达到诈骗目的。

防范措施：
- ◆收到"中奖"类的短信不要轻信
- ◆不轻易给陌生人汇款、转账

6. "公检法"电话不轻信

诱骗受害人银行账户涉嫌洗钱案，要证明清白需将资金转放至调查账户，并关闭手机且不要告诉任何人；安装所谓"犯罪通缉追查系统""网上清查系统""保护账户安全"等软件，以洗脱"犯罪嫌疑"。没有所谓的"安全账户"，凡是要求汇款到"安全账户"的，都是诈骗。

防范措施：
- ◆收到自称"公检法"的电话或短信不要轻信
- ◆不轻易给陌生人汇款转账
- ◆无法分辨时，向家长、老师求助

7. "货到付款"有陷阱

骗子利用取得的用户信息，投递虚假包裹，骗取"货到付款"费用。

防范措施：

◆"货到付款"的包裹要谨慎签收，有疑惑的先联系发件人，无法联系的果断拒收

8. 随意扫码不可取

骗子利用优惠活动等，诱导受害人扫描二维码，而一旦扫码后，可能资金就被转走了。

防范措施：

◆不扫描来源不明的二维码

◆确实需要扫码时，应该注意扫码后的提示语，发现不对立即停止，并报警求助。

9. 山寨 Wi-Fi 危害大

一些不明来源的免费 Wi-Fi，可能正是骗子用来植入木马、病毒的手段，受害人一旦登录，手机可能被对方控制。

防范措施：

◆不明来源、不需要密码的 Wi-Fi 不要随意接入，否则容易被不法分子盗取个人信息和隐私

◆遭遇勒索第一时间报警求助

10. 撞库欺诈

很多人的银行卡、手机网银、常用的网站论坛登录密码等都设置成一样的，撞库欺诈一般是利用受害人不小心泄露的账号信息，用"撞库"的手法窃取用户密码，完成盗号、转账等诈骗活动。

防范措施：

◆不同的账号设置不同的密码，重要账户要设置复杂密码

◆不要用生日、电话号码等易猜出的数字作为密码

◆密码需要定期更换

 任务实施

宣讲会：电子信息的安全技术。

1. 任务内容要求

选题：针对电子信息技术应用中的安全问题，撰写关于电子信息安全技术的宣讲材料，命题自拟。重点可关注工业网络安全、商业网络安全、个人电脑安全、手机安全、日常生活安全、常见防骗措施等。

调研报告需包括以下关键点：

（1）电子信息安全产生的原因；

（2）电子信息安全的基本防护措施。

2. 任务提交资料

电子信息安全技术宣讲 PPT。

3. 格式要求

PPT 形式，要求图文并茂，格式美观具有说服力。

4. 呈现形式

（1）PPT 课堂宣讲。

（2）各班级亦可根据情况组织开展校园网络安全知识宣讲活动。

任务评价

项目名称：电子信息的安全技术宣讲会	项目承接人： 姓名：	日期：
项目要求	扣分标准	得分情况
主题选择（15 分） 以电子信息安全为对象，命题自拟。 包括电子信息安全产生的原因分析、防范措施等。	所选主题不切题（扣 5 分） 所选主题内容表述不清楚（扣 5 分）	
关键要求一（25 分） 电子信息安全产生的原因分析。	对电子信息安全问题产生原因分析不清楚（扣 5 分） 图文不当（扣 5 分） 资料引用过时（扣 5 分）	
关键要求二（25 分） 电子信息安全防范措施。	安全防范措施分析不清楚（扣 10 分） PPT 软件操作不熟练（扣 5 分）	
关键要求三（15 分） 电子信息安全防范中本选题的重要性。	对宣讲主题没有总结分析（扣 10 分） 对宣讲结论分析不清楚（扣 5 分）	
整体内容的美感（20 分） PPT 的制作、演讲人的发挥	根据个人宣讲表现形式，酌情扣分	
评价人	评价说明	备注
个人		
老师		

项目二

认识电子信息技术的应用

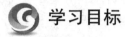 学习目标

【知识目标】
◆认识电子信息在生活中的应用
◆认识电子信息在经济中的应用
◆了解电子信息的新技术及应用

【能力目标】
◆学会对电子产品进行简单分析,撰写产品推介报告
◆学会对同一对象进行正反不同角度的辨析
◆学会对新型电子信息技术进行应用分析

【素质目标】
◆培养主动观察的习惯
◆培养主动参与社会实践的习惯
◆培养独立思考与语言表达的习惯
◆培养积极沟通、达成团队合作的习惯

任务 2.1　为生活添彩的电子信息

任务引入

以"智能化：为经济赋能、为生活添彩"为主题的 2018 中国（重庆）国际智能产业博览会，以未来智能生活为主要内容的智慧体验广场上，"黑科技"扎堆亮相：无须遥控，空调能自动打开；人离开，电视自动关机；如果家里发生煤气泄漏，还能自动切断阀门，同时打开排风扇，进行通风换气；不需懂外语，翻译机将中文与 30 多种语言即时互译，而且像粤语、四川话、河南话等方言也可实时翻译；电子器件可被人体吸收、石墨烯人工喉帮聋哑人"开口说话"、人脸识别从"刷脸"到识人、意念可控的假肢……一项项贴近市民生活的高科技应用，正在悄然改变着我们的生活。

任务目标

◆ 了解电子信息在个人生活中的应用；
◆ 了解电子信息在家庭生活中的应用；
◆ 了解电子信息在学生生活中的应用。

任务描述

电子信息技术的发展，给我们的生活带来了极大的便利，电子信息产品已经成为我们生活中必不可少的助手。无论是在个人生活、家庭生活，还是在学习生活中，都离不开电子信息产品的使用。

在日常的生活中，你都用过哪些电子信息产品呢？它们有什么特点？如果由你来推介某款产品，你会怎么把它介绍给大家？

无论是华为、小米，还是苹果、三星，每当他们有新产品面市时，都要进行一次新产品的发布会。现在，请选择一款你熟悉且喜爱的电子信息产品，担任它的产品发布师，召开一次产品的 PPT 路演发布会。

知识准备 <<<<<<<<<<<<<<<<<<<<<<<<<<<<<<<<<<

2.1.1　便利的掌上生活

不知什么时候，钱包已经悄悄从我们的生活中消失，我们习惯了手指在屏幕上滑动时的触感，最常用的有打车软件、外卖软件、导航软件、微信公众号、小程序、王者荣耀……，无论走到哪里，拿出手机"扫一扫"就行：吃饭、住宿、旅游、购物、消费、娱乐、打车、生活缴费……我们现在的生活，就是"一机在手，天下我有"，不懂得掌上生活的，将变得寸步难行。

1. 高效便捷的网购

对于掌上生活，大家最熟悉的，可能就是网购了。

网上购物，是指消费者在互联网检索商品信息，通过电子订购单发出购物请求，商家委托快递公司送货上门。付款方式多为担保交易，货到付款。另外款到发货也是常用方式。

1998年3月6日下午3:30，国内第一笔网上交易成功。之后，网上交易开始迅猛发展。交易额从2008年的1257亿元，到2017年的71751亿元，10年时间增长57倍。如图2-1所示，在2019年，仅天猫的"双11"活动，开始14个多小时就实现2000亿元成交额，全天成交额达2684亿元。到2020年，因为受新冠疫情影响及直播电商的贡献，全天销售额达到4982亿元。

图2-1 "双11"购物狂欢节成交额

企业通过传统营销手段，已经很难对现今市场形成重大改变。网络购物为传统企业提供了一个很好的机会与平台，通过借助第三方平台和建立自有平台纷纷试水网络购物，构建合理的网络购物平台、整合渠道、完善产业布局。

1）网购的主要特点

随着互联网的快速发展和应用，生活节奏的加快，网上购物成为越来越多人的选择，成为城市主流消费人群的购物趋势。网络购物的主要特点，可以从消费者和商家两个不同的角度来分析。

从消费者角度看：

（1）自由购物：网络购物可通过计算机、手机随时随地"逛商店"，订货不受时间、地点的限制。如图2-2所示，网购已经成了我们生活中最常见的购物方式。

图2-2 网购已经成为生活中最常见的购物方式

(2) 商品丰富：网购天下，可买到当地甚至国内没有的商品；
(3) 支付安全：网上支付，可避免现金丢失或遭到抢劫；
(4) 省时省力：从订货、买货到货物上门无须亲临现场，既省时，又省力；
(5) 物美价廉：网店没有店面、雇员及储存保管等一系列费用，价格较一般商场的同类商品更为物美价廉；
(6) 保护隐私：避免在实体店购买私密商品的尴尬难堪。

从商家角度看：
(1) 经营成本低：网售库存压力较小、经营成本低、经营规模不受场地限制；
(2) 销售信息反馈及时：各种商品供货渠道、销售走势等信息，都有大数据分析报告随时提供参考，方便及时调整经营战略，提高经济效益和竞争能力；
(3) 市场资源配置更合理：对于整个市场经济来说，可在更大范围、更广层面上，以更高的效率实现资源配置。

2) 网购存在的问题

在享受网络购物给我们带来的便利，足不出户就能买到自己喜欢的东西的同时，我们也承担着网络购物带来的风险和缺陷。

(1) 法律风险：有可能买到假冒伪劣产品。
(2) 试用风险：不能试穿试吃试用。
(3) 支付风险：网络支付有风险。
(4) 诚信问题：货物品质不符。
(5) 配送问题：配送速度不一。
(6) 售后问题：退货、维权不方便。

3) 网购涉及的技术领域

网络购物是电子商务应用的一个方面，它涉及的技术面非常广泛。除开展商业活动需要的企业网络营销、网上国际贸易、电子商务支持系统的推广、电子商务创业等之外，在技术上，主要是电子商务的综合应用，涉及的技术有：

(1) 电子商务平台设计（代表性岗位：网站策划/编辑人员）：主要从事电子商务平台规划、网络编程、电子商务平台安全设计等工作；
(2) 电子商务网站设计（代表性岗位：网站设计/开发人员）：主要从事电子商务网页设计、数据库建设、程序设计、站点管理与技术维护等工作；
(3) 电子商务平台美术设计（代表性岗位：网站美工人员）：主要从事平台颜色处理、文字处理、图像处理、视频处理等工作；
(4) 电子商务物流信息技术，包括条码技术、EDI（电子数据交换）技术、射频技术、GIS（地理信息系统）技术、GPS（全球卫星定位系统）技术等。

4) 网购涉及的主要岗位及职业能力

网购在商业上，需要组织货源、获取流量、服务保障、网站规划等，主要的岗位包括：产品拍摄、网店美工、客户服务、网店运营等。

因此，需要具备的职业能力有：
(1) 拍摄产品图片及后期处理；
(2) 美化网络产品图片、图像及产品信息处理；

（3）开设网店、设计网店图片、装修网店；

（4）美化网站（网页）；

（5）熟练与客户进行良好的沟通；

（6）策划网络产品营销方案；

（7）运用有关法律强化自我保护意识；

（8）强化竞争意识，保持自我完善、不断学习。

2. 随时随地的移动支付

移动支付是指利用手机等移动通信工具来进行电子货币支付，通过网络，在网上支付平台进行非现金方式的支付。如图2-3所示为移动支付的典型模式。

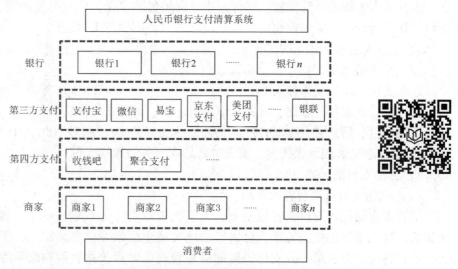

图2-3 移动支付的典型模式

移动支付是将互联网、终端设备、金融机构有效地联合起来，形成一个新型的支付体系。移动支付不仅仅能够进行货币支付，还可以缴纳话费、燃气、水电等生活费用，移动支付开创了新的支付方式，使电子货币开始普及。

网上支付平台是在银行监管下，保障交易双方利益的独立机构。在网上支付平台交易流程中，支付模式使商家看不到客户的信用卡信息，同时又避免了信用卡信息在网络上多次公开传输而导致信用卡信息被窃。

1）移动支付的特点

（1）时空限制小。用户可以随时随地进行支付活动，打破传统支付对于时空的限制。传统支付以现金支付为主，需要面对面；移动支付以手机支付为主，用户可以用手机随时随地进行，不受时间和空间的限制。

（2）方便管理。用户可随时随地通过手机进行各种支付活动，并对个人账户进行查询、转账、缴费、充值等功能的管理，随时了解自己的消费信息。

（3）隐私度较高。用户将银行卡与手机绑定，进行支付活动时，需要输入支付密码或指纹，且支付密码与银行卡密码不同，较好地保护了用户的隐私。

（4）综合度较高。移动支付为用户提供了多种综合服务。如用户可以通过手机进行生活缴费、话费充值；可以进行个人账户管理；可以进行网上购物等各类支付活动。

2）移动支付的模式

移动支付的模式有不同的划分标准，比较常用的有如下几种。

（1）根据支付账户的不同，移动支付可分为：

银行卡账户支付：用户在移动终端上操作银行卡账户进行支付。

话费账户支付：用户在移动终端上操作手机话费账户进行支付。

中间账户支付：用户在移动运营商或第三方支付企业开通自有账户，先充值后消费，用户在移动终端上操作自有账户。

（2）根据运营主体的不同，移动支付可分为：

移动运营商为主体的移动支付：支付平台由移动运营商建设、运行、维护及管理。

银行系为主体的移动支付：银行为用户提供付款途径，通过可靠的银行系统进行鉴权、支付。移动运营商只为银行和用户提供信息通道，不参与支付过程。

第三方支付企业为主体的移动支付：支付平台由第三方支付企业建设、运行、维护和管理。

（3）根据技术手段的不同，移动支付可分为：

远程支付：用户使用移动终端，通过短信、WAP、IVR、App等方式远程连接到移动支付后台系统，实现账户查询、转账、信用卡还款、订单支付等功能。

现场支付：用户使用移动终端和配套的受理终端，通过NFC、RF-SIM、SIMpass、RF-SD等近距离非接触式技术，实现对商品或服务的现场支付。

3）移动支付的影响

（1）移动支付对消费者的影响：

消费者直接扫码支付，轻松便捷，无须携带现金，无找零、刷卡、签字等麻烦，无假币困扰；移动支付的快捷转账，可以轻松地实现生活缴费、车票购买、手机充值等，足不出户办理各种业务；第三方支付机构的财富管理、教育公益、购物娱乐等服务功能，能满足不同层次需求，极大地丰富了我们的生活。

（2）移动支付对商户的影响：

移动支付手续费低，扩大了商家盈利空间；商家通过微信、支付宝的优惠活动，不仅可以增加营业额，而且可以扩大宣传效果，促进商家口碑的建立。

（3）移动支付对ATM厂商的影响：

移动支付给消费者和商户的生活带来很大的便利，也会给许多其他行业造成冲击。比如ATM机，仅2020年上半年，我国就减少超4万台。ATM主要功能就是提供现金、查询、转账服务，而这些现在都可以随时随地在手机上完成，相关设备厂商需要进行多元化布局，向智能设备转型。不仅如此，虚拟卡的广泛使用，使曾经的卡包已经从我们生活中逐渐消失。

（4）移动支付对商业银行的影响：

移动支付可进行结算业务、支付业务、零售业务、转账业务、存贷款业务和理财业务等，随时随地以任何方式进行支付，替代了现金和支票功能，并衍生出替代信用卡功能，已经可以绕开银行，给商业银行带来巨大冲击。

4）移动支付的应用

（1）购物：无论是网络购物，还是线下大型商场，甚至街边小贩，已经广泛为消费者提供自由支付等移动支付方式。人们通过手机支付，完全不需要带现金出门逛街，避免带钱不够的窘境。

（2）饮食：移动支付带来的一大变化就是各种餐饮类应用软件的兴起和发展。美团、饿了么等网上订餐平台提供的外卖服务，让传统的方便面等速食行业营销额下滑，不得不跟着进行变革。

（3）生活：除了网购、外卖等服务外，人们可以通过移动支付平台缴纳水、电、燃气费；可以购买理财产品、保险；可以缴纳手机话费；可以进行转账服务；可以查询自己一周、一月甚至一年的消费情况；除此之外，移动支付平台根据人们的需要不断发展，为人们的生活带来更多便利。

（4）出行：滴滴出行、共享单车、公交、地铁……移动出行平台和移动支付平台的结合，给人们的出行带来了极大的便利，人们再也不用纠结出门没带零钱的问题。

5）移动支付需要的技能人才

移动支付已经深入到人们生活的方方面面，正逐步取代现金货币的使用。图 2-4 所示为移动支付实体互联结构图，其整个体系需要庞大的技术人才来支撑，也给电工电子与信息行业提供了一个宏大的应用领域。

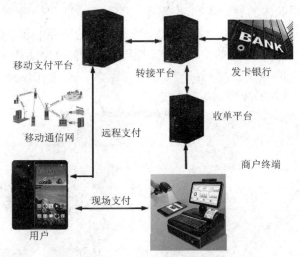

图 2-4　移动支付实体互联结构图

（1）移动支付的主要技术、移动支付的整个产业链，包括移动运营商、金融机构、移动支付服务提供商、设备终端提供商等。

从移动通信体系结构来看，支撑移动支付的技术分为四个层面：

①传输层：GSM、CDMA、TDMA、GPRS、蓝牙、红外、非接触芯片、RFID；

②交互层：语音、WAP、短信、USSD、i-mode；

③支撑层：WPKI/WIM、SIM、操作系统；

④平台层：STK、J2ME、BREW、浏览器。

在具体使用中，比较常见的信息传递技术有短距离交互通信的 NFC 技术、二维码识别技术、射频/蓝牙技术等，移动支付需要无线传输模式以实现数据的传输，最终完成支付。

移动支付的终端正向着智能化方向发展，一些新型识别技术迅速应用于移动支付，如语音识别、指纹识别、人脸识别技术已经广泛使用；集移动支付与刷卡支付于一身，具备自助积分、朋友圈一键分享等功能，移动 POS 机除刷卡之外，还支持扫码支付、人脸识别等功能。

（2）移动支付的人才需求：移动支付的迅速发展，使得对接移动支付的服务商也越来越多，衍生了大量的职业需求，带动了移动支付人才的需求"井喷"。

从国内主要招聘网站来看，跟移动支付相关的职业主要包括：硬件销售及维护（如移动POS机、Wi-Fi路由器、蓝牙语音设备，也有完整解决方案，如从POS收银，到点单、打印机等）、软件销售及维护（如收钱的App、二维码生成、植入商户现有POS系统的软件、定制开发等）、营销（如公众号营销、分销、返佣、代购、团购等）、代理、资本运作等，还包括商户平台的网络信息编辑、网站维护员、网络营销员、网站推广员、电子交易员（电子商务师）、电子商务物流员、网络客服员等。

3. 改变我们生活的智能手机

智能手机像个人电脑一样，具有独立的操作系统，独立的运行空间，可以由用户自行安装软件、游戏、导航等第三方服务商提供的程序，并可以通过移动通信网络来实现无线网络接入，甚至逐渐加入人工智能、AR等新兴信息技术，使智能手机成为用途最为广泛的移动通信产品。

作为掌上生活主要载体的智能手机出现后，开始逐步取代传统个人计算机，渗透人们娱乐、生活的各个方面。智能手机给我们带来高效便捷的网络、随时随地的移动支付、轻松惬意的休闲娱乐，改变了我们的生活方式。但手机在缩短生活距离、方便沟通的同时，也扩大了人们在情感上的距离，"世界上最遥远的距离，是我在你身边，你却在玩手机"。如图2-5所示，手机改变了我们的生活状态。

图2-5　手机改变了我们的生活状态

1）智能手机的特点及产生的积极影响

智能手机的主要特点有：

（1）具备无线接入互联网的能力：从支持GSM网络下的GPRS或者CDMA网络的CDMA1X，到3G网络（WCDMA、CDMA-2000、TD-CDMA）、4G网络（HSPA+、FDD-LTE、TDD-LTE），至现在的5G通信技术，满足人们随时随地通过网络进行信息交流的需求。

（2）具有掌上电脑PDA功能：包括PIM（个人信息管理）、日程记事、任务安排、多媒体应用、浏览网页等。

（3）独立开放性的操作系统：智能手机像个人计算机一样，可以由用户自行安装软件、游戏、导航等第三方服务商提供的程序，使其功能具有无限扩展性。

（4）人性化：可以根据个人需要扩展机器功能。根据个人需要，实时扩展机器内置功能，以及软件升级，智能识别软件兼容性，实现了软件市场同步的人性化功能。

（5）扩展性强：扩展性能强，第三方软件支持多。

（6）发展迅速：随着半导体行业的发展，核心处理器（CPU）发展迅速，使智能手机跟着迅速发展。

正是智能手机的这些特点，给我们的生活产生了很多积极的影响：

（1）便利的生活：在生活中，无论是购物、饮食、出行、医疗，智能手机已经成为我们生活中的贴心小助手，为我们的生活提供着极大的便利。

（2）轻松的社交：电话和短信，几乎被微博、微信、抖音、快手等社交软件替代。人们在各个场合，一旦有空闲时间，都能通过手机，轻松地与人进行交往，没有了地域、年龄、身份、性别、种族的限制。

（3）信息获取时间碎片化：上下班的途中、旅行候机、排队、等餐、会议间隙、上厕所等生活中的碎片化时间，都被人们用来获取信息，智能手机让这些碎片化时间变得更加有意义。

（4）信息即时更新：手机成为人们更常用的互联网终端机，能够迅速、及时满足人们的信息需求，让人们随时随地了解世界上正在发生的事情。

（5）颠覆传统行业：数码相机、钱包、闹钟、手电筒、GPS 导航仪、地图、收录机、CD 机、MP3、MP4、电子词典、计时器、计算器、固话……有多少电器，已经从我们生活中消失了。智能手机对传统行业产生了颠覆性的影响。

2）智能手机主要存在的问题

智能手机在给我们生活带来便利的同时，也给我们的生活带来不少问题。

（1）安全问题：手机上存储了大量个人信息，如资金账号等资料，病毒入侵、电信诈骗、手机丢失或损坏等，可能会给用户带来严重的财产安全、信息安全等问题。

（2）健康问题：机不离身、低头一族，对人体的辐射伤害、眼睛伤害、颈椎伤害、心理伤害等，对人们日常生活、工作造成了较大影响，患上"手机综合征"，使人身心俱疲。

（3）社会问题：拨打电话、收发短信、音乐及视频播放与录制、上网功能，使智能手机经常被过度使用。QQ、微信、抖音、网游，让人爱不释手，沉迷在手机的世界里无法自拔，严重影响了人们正常的学习、生活，带来一定的社会问题。

3）移动通信的就业方向

智能手机是典型的移动终端产品，属于移动通信专业的学习内容。

移动通信可以说从无线电发明之日就产生了。早在 1897 年，马可尼在陆地和一只拖船之间用无线电进行了消息传输，这成为移动通信的开端。现代意义上的移动通信系统起源于 20 世纪 20 年代，距今已有 100 年的历史。短短一个世纪里，移动通信技术经历了从 1G 到 5G 的发展变化。移动通信大发展的原因，除了用户需求的迅猛增加这一主要推动力外，还有技术进展所提供的条件，如微电子技术的发展、移动通信小区制的形成、大规模集成电路的发展、计算机技术的发展、通信网络技术的发展、通信调制编码技术的发展等。

移动通信系统由空间系统和地面系统组成。大容量移动电话系统可以由多个具有一定服务小区的基站构成一个移动通信网，通过基站、移动业务交换中心，就可以实现在整个服务区内任意两个移动用户之间的通信；也可以通过中继站与市话局连接，实现移动用户与市话用户之间的通信，从而构成一个有线、无线综合的移动通信系统，如图2-6所示。

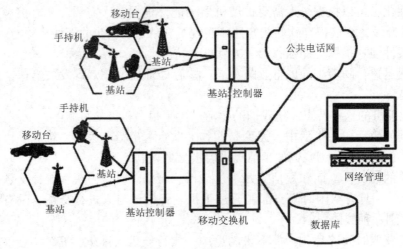

图2-6 移动通信网络结构

移动通信专业主要提供的就业方向有：
(1) 移动通信公司的网络运营岗位；
(2) 移动通信公司的售后服务岗位（如移动通信的工程安装、调试、维护）；
(3) 通信公司的售后及采购岗位；
(4) 各类通信制造公司的技术岗位（产品的生产、检修、测试、营销）；
(5) 终端设备的维修与维护岗位。

2.1.2 舒适的智能家居生活

小明平时大大咧咧，老爱忘事，比如出门忘记带钥匙、关灯、关空调……最近，小明搬了新家，新家安装了智能家居系统，他发现生活发生了很大的变化……

早晨醒来，抓过手机说一声"早安"，窗帘徐徐拉开，光线一点点进来，让头脑从睡梦中一点点变清醒，热水器、智能音箱等设施自动打开。出门前，小明说一句"我要出门了"，音箱就开始自动播报今日天气、日程安排、路况、车辆限号等信息；关上门，自动启动"外出模式"，此时家里的灯自动关闭，窗帘、热水器等设施自动关闭，智能安防系统自动启动。

出门以后，突然想起来家里的空调忘了关，掏出手机点一下，就把空调关掉了；回家走到小区门口，家里空调自动打开，进屋直接享受舒适的温度；一摸身上忘记带钥匙了，哦！没关系，轻压指纹密码锁，门就开了，伴随着音箱播放着最喜爱的音乐，小明一天学习的疲倦全没了。

睡前说一声"晚安"，家里所有的灯光渐渐变暗，直到熄灭，小明再也不用担心卫生间的灯在上床前是否忘了关，可安稳入睡。

1. 初识智能家居

小明体验的生活仅仅是智能家居所能实现功能的一小部分。随着科学技术水平的提高，特别是计算机技术、通信技术、网络技术、控制技术等信息技术的迅速发展和提高，人们对家庭生活的现代化、便捷化、舒适化、人性化会有更高的需求，还有更多"黑科技"出现在我们生活中，等着我们去发现、去体验。

1）什么是智能家居

科技越发达，人们追求生活的品质要求就越高，更加需要一个智能化、信息化、便捷化的能"读懂"人们心思的家居环境。

智能家居又称智能住宅、智慧住宅，是以住宅为平台，利用物联网技术、网络通信技术等将家居生活有关的设施集成，构建高效的住宅设施与家庭日常事务的管理系统，以提升家居安全性、便利性、舒适性、艺术性，并实现环保节能，如图2-7所示。

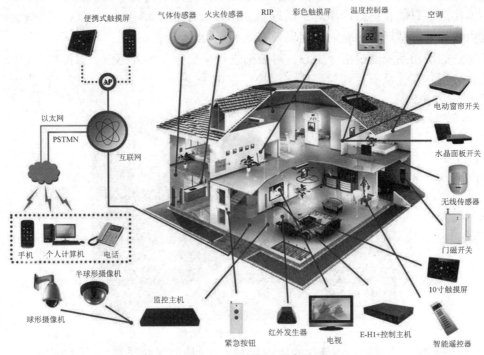

图2-7 智能家居示意图

2）智能家居的发展

智能家居的概念起源很早，但一直未有具体的建筑案例出现，直到1984年美国联合科技公司将建筑设备信息化、整合化概念应用于美国康涅狄格州的City Place Building，出现了首栋"智能型建筑"，从此揭开了全世界争相建造智能家居派的序幕。

我国智能家居行业虽然已经走过了概念普及阶段，但是相比欧美国家仍然发展较慢。随着云计算与人工智能技术的快速发展，目前，14亿人口的中国拥有1亿多潜在智能家居家庭客户，这个群体相当于大半个欧洲，构成了一个巨大的市场。在这个市场中，平均每家每年花费1000元，就有1000亿元的市场。事实上，市场调查数据表明，智能家居家庭用户属于感性和持续性消费群体，每年在家居方面的支出人均远远不止1000元。尽管渗透率依然远低于西方发达国家，但我国智能家居市场前景值得期待。

2. 智能家居带来舒适生活

2019年8月，在重庆举办的第二届国际智能产业博览会上，有一个展区吸引了很多人驻足观看，这就是"智能家居"展区。诸多智能家居品牌已在智能家居领域深耕多年，在展会期间，以海尔、华为、小米为代表的企业纷纷通过搭建实景体验场馆，以此展示各自的前沿技术和产品。

本次展会更为注重智慧服务与用户之间的体验与互动。数据表明，追求"体验感"正逐渐成为未来智能发展的方向，而智能家居作为离用户最近或者说是"零距离"的一个重要组成部分，则天然带有"体验"的属性——建立在场景体验基础上，为用户提供围绕衣食住行的智慧生态服务。

1）智能灯光控制——可自动调色变温的智能家居

能根据室内环境的实际状况，自动调节光线强度的窗帘；还有根据人是否到家，自动变为透明或磨砂的智能玻璃；以及自定义氛围亮度、自动开关、自调颜色的智能照明系统……这些以往只能在科幻片中看见的场景，出现在了智慧居住体验展区，这是重庆万科在展区内搭建的智慧居住体验式居住场景，如图2-8所示。

该场景的应用系统通过指令中心，对数据进行采集（如红外感应、温湿度、PM2.5等）和智能化分析判断，从而达到对照明、温控、家电等进行更精细化的操控，营造出舒适和人性化的居家感受。

图2-8 万科智慧生活馆

2）智能家居电器控制——懂你的"海尔智家"，你的家庭管家

你的口味，冰箱知道，它还会主动推荐菜谱；衣服的材质，洗衣机清楚，并能主动匹配洗涤程序；一面镜子，可以联动室内家电……这些智慧场景，海尔智慧均可以实现，如图2-9所示。

图2-9 海尔"智慧厨房"

在海尔智慧厨房,物联网冰箱除秉承细胞级养鲜,为食材提供最佳存储空间,让食材新鲜营养不流失之外,通过和体脂秤相连,冰箱大屏上记录了一家人的体质信息,不再发愁晚上吃什么,大屏冰箱会根据家人的体质信息,为每位家人匹配一周的健康饮食计划。

除了冰箱,海尔智慧洗衣机更是"黑科技"满满,它不仅能通过手机 App 来控制,还可以识别水质和洗衣液,以及实现烘干及空气洗等功能,给衣物更好的护理,同时更好地满足人们的洗护需求。

3)智能家居安防监控——让安全感一直伴着你

你是不是经常有这样的烦恼:不在家的时候,担心家里的老人、宠物怎么样了;不记得是否锁好门,有没有小偷进家里;厨房的燃气有没有关好?不知道家里的情况,简直让人坐立难安。

在小米的智能家居体验馆,工作人员正在展示智能家居安防监控功能,当离家开启布防模式,多方面监测家中紧急情况,一旦出现燃气泄漏、非法入室、火灾等情况,可以通过手机及时收到通知。此外,通过手机可以查看家中实时监控,并与老人或宠物进行语音通话,出门在外也能掌控家中情况,实时的安全保障、心理和物理距离都不是问题。如图 2-10 和图 2-11 所示分别为小米智能摄像机和智能门锁。

图 2-10 小米智能摄像机

图 2-11 小米智能门锁

4)智能家居环境控制——格力带给你"零碳健康家"

门厅、客厅,一路行至卧室、浴室……满满的智能化。2019 中国国际智能产业博览会期间，走进位于智慧小镇 M8 展区的格力"零碳健康家"，各种智能家居交互式场景令人倍感新奇。如图 2-12 所示，格力"零碳健康家"实现了全屋能源、空气、健康、安防、光照管理五大系统的一体化、场景化、系统化管控，全面展示了未来的"智慧家庭生活"。

图 2-12 格力"零碳健康家"

如何实现"零碳"？在"零碳健康家"门口，屋顶的几块光伏板是奥秘所在。据悉，"零碳健康家"顶部一共铺设了22块光伏板，在阳光充足的情况下，这些光伏板便将太阳能转化为电能，所发的600V直流电可直接驱动室内空调及其他直流家电的运行。

同时，若光源充足，过剩的电能会直接存储在储电柜备用，储电柜充满电之后，该系统还能将多余的电量"反哺"电网。这样一来，这个小屋便实现了"零电费"的目标。

"这个科技感十足的小屋很棒！"一位参展观众表示，现在的科技越来越发达，希望以后自己的家也能够装修成这样。

3. 智能家居涉及的关键技术

智能家居主要利用了综合布线技术、网络通信技术、安全防范技术、自动控制技术、音视频技术将家居生活有关的设施集成。这其中，与智能家居有着密切关系的技术莫过于物联网技术和人工智能了。

1）物联网技术

物联网技术是智能家居中最重要的技术，它是一种物物相连的技术，是在互联网技术基础上发展起来的，如图 2-13 所示。

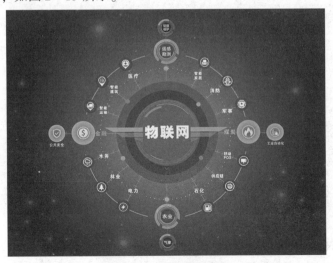

图 2-13 物联网示意图

通过物联网，智能家居中的各种设备可以联系到一起，通过网络，可以让物品与物品之间进行信息互换与连接。与此同时，随着智能感知技术、识别技术等的迅速发展，设备可以进行共享交换和合作，能达到无缝衔接，有助于达成完整迅速和准确的合作。

物联网技术是智能家居的基础和关键，在基于智能家居的智慧社区、智慧城市等更智能、更完整的发展方向中，起着非常重要的作用。

读一读 <<<

智能家居的发展历程

2009年8月7日，温家宝总理在视察无锡时发出了"感知中国"的号召，物联网技术迅速在国内掀起了研究、应用高潮，无锡市率先建立了"感知中国"研究中心，中国科学院、网络运营商、多所大学在无锡建立了物联网研究院。随后，物联网被正式列为国家五大新兴战略性产业之一，写入政府工作报告。而智能家居是物联网技术的重点应用领域。

2011年3月，国家级物联网产业示范基地落户重庆，按照"科技引领发展，应用促进市场，市场带动产业"的发展思路，将重庆打造成全国物联网产业的聚集区、示范区。

2016年，中国"十三五"规划纲要提出，加强现代信息基础设施建设，推进大数据和物联网发展，积极推动智慧城市和智能家居的建设。国家政策的支持，使得智能家居飞速发展，普及智能家居变得不再遥远。

2018年政府工作报告提出"发展智能产业，拓展智能生活"，加强智慧社区的推广和建设，不少机构研究表明智能家居是下一个亿万元级的市场。

2）人工智能与智能家居的结合

在智能家居中，人工智能扮演着非常重要的角色。人工智能的关键技术，如机器人技术、语音识别、图像识别、自然语言处理和专家系统等多种技术已经在智能家居中得到体现，并得到了人们的高度重视。现在有一种流行的说法，"未来没有配备人工智能的房子，都是毛坯房"。

用简单的例子来说，人工智能与智能家居的结合可以分为三个阶段：

第一级是控制，也就是远程开关、定时开关等控制方式。

第二级是反馈，把智能家居获得的数据通过人工智能反馈给主人，例如"最近几天看电视有点多哦""主人，冰箱里的牛奶快到保质期了"。

第三级是融合，通过人工智能传感器技术和深度学习技术，可以对用户的安全健康，甚至是对幼儿和宠物异常行为进行监测。或者当主人跟人工智能聊天的时候，人工智能知道主人心情不好，就可以问主人要不要来一段音乐，或者直接播放一段主人平时听得最多的音乐。

4. 智能家居的未来趋势

智能家居最初的发展主要以灯光遥控、电器远程控制和电动窗帘控制为主，随着行业的发展，智能控制的功能越来越多，控制的对象不断扩展，控制的联动场景要求更高，其不断延伸到家庭安防报警、背景音乐、可视对讲、门禁指纹控制等领域。如图2-14所示为小米的智能生活家，它将小米旗下智能产品集成化，进行协调、统一的智能控制，为我们生活带来全新的体验。

图 2-14 小米的智能生活家

智能家居在发展过程中也碰到了很多问题。比如，行业标准不统一、产品特性不够人性化、整体安装费用昂贵等。但随着时间的推移、技术的进步、服务的完善，我们可以清晰地预见，未来的智能家居行业发展大有可为。

1）应用场景不断扩大

随着技术的升级，用户需求不断扩大，产品愈加丰富，智能生活将会渗透到家居生活的方方面面。

2）人机互动性能大大提升

随着人工智能等技术的发展，智能家居产品正在由弱智能化向智能化发展。更智能化的技术应用，以实用为核心，力求人性化、易用化。

3）"语音助手"将成常态

用手机、平板等终端输入操控智能家居设备略显烦琐和多余。未来，语音助手将成为智能家居产品中的常态，像苹果的 Siri、小米的"小爱同学"等，通过"语音"来实现智能化。

4）行业标准逐渐统一

目前，无论是国际还是国内，都尚未出现统一的智能家居行业标准。标准不统一导致智能家居厂商之间的产品不能有效地互联互通。在各实力厂商及机构的大力推动下，行业标准将逐步统一。

数据表明，截至 2019 年年底，我国的智能家居市场接近 5000 亿元，到 2020 年年底，中国成为亚洲最大的智能家居市场。市场消费潜力巨大，产业前景光明。

正因为如此，众多企业纷纷加入智能家居行业，以海尔、格力、美的为核心的白色家电制造商，以腾讯、阿里、百度及京东为代表的互联网巨头，以华为、苹果、小米等为主的移动终端制造商，以及电信、移动、联通等通信运营商各自于智能家居市场纷纷占据了属于自己的一方高地。

科技发展的最终目的是服务于生活，智能家居也正在这种形式下蓬勃发展。随着 5G 技术的到来、物联网的发展、人工智能的开启，我们可以这样说：智能家居，未来已来。

语音助手

苹果手机中 Siri 开创了智能语音助手的先河。为了便捷地实现人机交互，除智能手机外，语音助手已经广泛应用于各大企业推出的智能产品中，并给它们取了形象的名字。你能帮下列语音助手找到他们的"主人"吗？

小 E　　TCL
小优　　华为
小 T　　百度
小度　　海尔

注：华为语音助手叫"小 E"（小艺），海尔语音助手叫"小优"，百度语音助手叫"小度"，小米语音助手叫"小爱"同学，TCL 语音助手叫"小 T"，长安汽车的语音助手叫"小安"，天猫精灵的语音助手就叫"天猫精灵"。

2.1.3　重构课堂的线上线下混合式学习

2020 年 2 月下旬，原本是各大中小学开学的日子，突如其来的新冠疫情，席卷全国。教育部果断发文，为阻断疫情向校园蔓延，确保师生生命安全和身体健康，要求 2020 年春季学期延期开学，学生在家不外出、不聚会、不举办和参加集中性活动。为尽量减小疫情给教学带来的不利影响，各大中小学校利用线上教学，实现"开学延期、学习不延期"。

各地院校开展了"花式网课"，利用教学小视频、PPT、调查问卷、现场展示等方式，发挥网络优势，聚首在云班课、腾讯课堂、抖音、QQ、微信、钉钉等线上教学平台，通过录播、直播、讨论、作业等各种方式积极与学生交流互动，将信息化技术与教育教学工作有效融合，实现"师生共云端，学习齐飞舞"，让战"疫"不误学、教育不断线，切实做到疫情防控与学习两手抓、两不误，如图 2-15 所示。

图 2-15　2020 年新冠疫情期间全国学校"停课不停学"

随着互联网及信息技术的发展，特别是便携式移动终端的发展和普及，各类数字教学资源的开发，人们的学习和生活方式发生了巨大的改变，线上线下混合式学习已成为现代学习的重要模式。

线上线下混合式学习，我们每个同学都经历过了。那么，到底什么是线上线下混合式学习？它有何意义？

1. 线上线下混合式学习的认识

线上线下混合式学习，是教学组织者把线下传统授课与线上网络学习融为一体，学生利用线上和线下相结合的方式学习。如图 2-16 所示为使用比较普遍的超星在线学习平台，目前在各大中小学都有使用。

图 2-16 超星在线学习平台

混合式学习具有如下几个方面的特征：

(1) 采用"线上"和"线下"两种途径进行学习活动；

(2) "线上"的学习是教学的必备活动；

(3) "线下"的学习不是传统课堂学习活动的照搬，而是基于"线上"前期的学习成果开展的更加深入的学习；

(4) 混合式学习重构传统课堂，把传统学习时间和空间进行扩展，"教"和"学"不一定在同一时间、同一地点发生，在线学习平台拓展了"教"和"学"的时间和空间。

2. 线上线下混合式学习的一般过程

当我们跟着老师一起开展"线上线下混合式学习"时，你知道要怎样才能实现吗？这里面，可全都是电工电子与信息的应用哦！

1) 教师准备线上资源

教师需要选择一个恰当开展线上教学的平台，然后开始准备线上资源。图 2-17 所示为中国大学 MOOC 在线学习平台教师后台系统，教师可在后台将准备好的教学 PPT、录制好的视频、动画等教学资料上传，制作成便于学习的资源，以备学生学习。他们需要先完成两项工作：

(1) 制作教学视频、PPT 或教材等数字材料，明确知识要点和关键问题。另外，在视频播放过程中设计一些练习作业题，促使学生产生疑问，激发学生的学习积极性。

(2) 提供线上学习平台，学生可通过网络进行线上学习和问题反馈。

2) 学生自主线上学习

学生线上学习可以利用手机、计算机等网络设备终端，在任何时候、任何地点进行，学生自主安排课外时间进行课前线上学习，需要完成两项工作：

图2-17 中国大学MOOC在线学习平台教师后台系统

（1）观看视频、PPT等数字材料，安排时间自主学习和研究，解决视频和作业中的问题。

（2）针对自己无法解决的问题，在学习平台上进行反馈，以便教师合理安排后续线下学习的内容和方式。

3）师生互动

线下教学课堂活动设计的目标是最大化地提高教学效果，以促进知识的掌握。线上线下混合模式中课堂活动可按如下两种方式进行：

（1）课程基础知识部分的教学：根据学生在线上学习中反馈的问题，教师在课堂上进行集中讲解释义，引导学生去理解掌握，及时、有效地为学生提供学习支持。

（2）课程应用性知识拓展部分的教学：教师根据课程内容设计出一些跟实际联系紧密的应用问题，对学生进行分组，分组内部进行分工协作，促使学生更好地掌握和运用课程所学的知识，训练学生的知识迁移和创新能力。

4）教师课后教学反思

对学生的考核和问卷等数据进行统计分析，评测新模式的教学效果：

（1）对学生进行测试和考核，评价线上线下混合模式教学的效果。

（2）通过问卷形式，了解学生对线上线下混合教学模式的满意度和看法。

（3）通过对线上线下混合教学模式实施过程进行反思，得出成效和存在问题，在后续实践中不断改进和优化教学方案，进一步提升后续教学效果。

（4）通过线上线下混合教学，方便教师对学生学习情况进行深度挖掘，掌握学生在线学习的访问内容及频率、学习路径、学习偏好等，可以有针对性地进行学习引导和监督。

3. 线上线下混合式学习的各种方式

2020年疫情期间的停课不停学，让我们充分感受到在线学习不仅灵活方便，并且方式多样。不同的线上学习方式相结合，同样可以提高同学们的学习效率。

1）常用在线课程学习平台

（1）钉钉平台：如图2-18所示，学校老师可以在钉钉平台录播课程、上传文档以及进行在线课程教学。主要教学方式如下：

群直播：观看学校老师群直播，在线实时学习以及提问。

师生群：在线学习后对课程知识的疑惑能在第一时间向老师提问，作业及时提交等。

在线考试：包括单元小测试、知识巩固练习等。

图2-18　钉钉在线课堂

（2）智学网平台：如图2-19所示为智学网注册页面。智学网不同的区域有不同的学习特点，老师可以在平台上制订相应的课程，满足同学们本地化、差异化的学习需求，让学习更加有针对性，对课程可以进行查漏补缺，然后进行精准提高。

图2-19　智学网

（3）中国大学MOOC（慕课）：国家精品课程在线学习平台，平台包含高校千余门课程，同学们可以进行更深层次的系统学习，大学名师在线授课，不带偏、不跑偏，对知识进行针对性的学习、理解和消化。

（4）网易云课堂：包含全品类课程，更加适合中高职院校的同学们进行职业能力提升，只要有网络随时随地进行知识巩固，如图2-20所示。

图 2-20　网易云课堂

(5) 腾讯课堂：如图 2-21 所示，腾讯课堂凭借 QQ 实时在线与老师互动，具有高质量的课程直播效果。QQ 群具有天然的群聚效应，在群里和同学们、老师们交流，还可以实现一对一在线问答。

图 2-21　腾讯课堂

2) 在线学习的主要形式

(1) 通过各教学平台进行在线学习：同学们通过手机、平板、计算机等电子终端设备，在各教学平台在线学习，也可观看录播回放或者下载的电子文档进行复习巩固，完成电子版作业。学习中可以通过讨论区、QQ、微信等交流工具和同学、老师进行语音或视频探讨交流。

（2）通过电子邮件：同学们通过电子邮件回复即时消息，或通过网络广播技术与同学们讨论，请老师解惑，最后作业以电子邮件附件形式提交，例如 QQ 邮箱、163 邮箱等。

（3）通过在线图书、在线阅览室：大多数的参考资料、课程书籍、课件、课程知识整理文档等都可以进行在线访问学习，例如百度文库、知网等。

（4）通过各大论坛和博客：将网络学习资源进行分享，成为全国知识学习爱好者的聚集地，通过各种领域的专业人士的技能知识分享，可以更好地了解更多的专业实践知识，还可以进行查问解惑，例如中国专业 IT 社区 CSDN、知乎等。

4. 线上线下混合式学习的意义

线上线下混合式的学习，是目前信息技术发展所衍生的新型课堂。结合线上相关课程知识内容，学生通过线上自主预习及学习，线下实际操作和讨论交流，有效地提升学习的深度和兴趣。

"混合式学习"对不同的学生、不同的课程拥有不同的意义：

（1）对不同基础的同学，可以进行针对性学习。

对于基础差的同学，线上提前预习可以防止零起步跟不上老师上课节奏。对于学习积极性不强的同学，可以实现调试竞答，拓展训练。对于学习效果差的同学，可以及时询问老师进行补足。对于操作能力差的同学，可以结合网上教程，逐步去完成任务。

（2）对专业技能课程，可通过视频进行更精细的操作培训。

对于专业技能培养的课程而言，线上专业技能培训教程，能更清楚直观地通过视频演示操作过程，再结合线下实际操作练习，能深刻理解专业知识体系结构和拓展专业相关技能，突破传统教学的技能知识局限性。

（3）线上教学可使专业理论课变得形象生动。

对专业理论知识课程而言，"混合式"学习将枯燥乏味的理论知识变得更加形象化、具体化、生动有趣，使学生对理论知识产生浓厚兴趣，同时培养相应的专业素质。

线上教学可以充分培养同学们的自学能力，让大家更高效地学习，提高学习积极性和学习兴趣，对专业也会更感兴趣，让学习方式不只是做作业和看书。

5. 线上线下混合模式教学中的电子信息技术

1）线上线下混合模式教学的特点

线上线下混合模式教学是在科技发展和社会需求推动下形成的一种新型教育模式。如图 2-22 所示，它是以计算机、多媒体、现代电子信息技术为主要手段，将信息技术和现代教育思想有机结合的一种新型教育方式。线上线下混合模式教学的教学手段比早期的函授教育、广播电视教育等丰富得多，教学内容覆盖社会生活的方方面面，打破了传统教育体制的时间和空间限制，打破了以老师传授为主的教育方式，有利于个性化学习，扩大了受教育对象的范围。

线上线下混合模式教学是构筑知识经济时代人们终身学习体系的主要手段，能够有效地扩充和利用各种教育资源，有利于推动教育的终身化和大众化，在信息时代的学习化社会中将起到越来越大的作用。

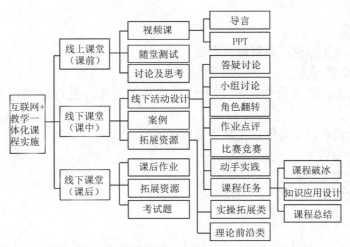

图 2-22　线上线下混合教学的"金课"教学模式

2）线上线下混合教学模式中的信息技术

线上线下混合模式教学几乎运用了 20 世纪 80 年代以来所有信息领域的最新技术，传输手段趋向于多元化，特别是近几年各种网络技术的飞跃发展，为信息特别是多媒体信息的传播提供了可靠的技术支持，也为远程教育的发展提供了更加丰富的技术手段，极大地推动了线上线下混合模式教学的发展。

线上线下混合模式教学的技术支撑以计算机技术、软件技术、现代网络通信技术为基础，数字化与网络化是线上线下混合模式教学的主要技术特征。电子信息技术的综合应用，极大地提高了远程教育的交互功能，能够实现教师与学生、学生与学生之间多向互动和及时反馈，具有更强的灵活性。多媒体课件使教学资源的呈现形式形象生动，提高了远程教育质量，有利于学习者理解和掌握，有利于学习者潜能的发挥，启发创新意识，提高教学效果。

3）搭建线上线下混合模式教学需要的技术岗位

线上线下教学，需要以计算机技术、软件技术、现代网络通信技术为支撑，因此，能提供的技术岗位也包括了这些技术领域的各种岗位，在这里只作简单介绍，大家可以通过各种人力资源市场信息，作进一步的了解。

（1）Web 应用程序设计方向：毕业后能够从事网站应用程序开发、网站维护、网页制作、软件生产企业编码、软件测试、系统支持、软件销售、数据库管理与应用、非 IT 企事业单位信息化。

（2）多媒体应用方向：毕业后能够从事计算机美工、动画制作、影视编辑与制作、广告设计与制作、多媒体综合应用开发、多媒体课件制作等工作。

（3）移动应用开发方向：毕业后能够从事移动设备应用开发、嵌入式应用开发、移动网站开发、软件生产企业编码、软件测试、系统支持、软件销售、企事业单位信息管理、办公自动化集成等工作。

（4）网络系统管理方向：毕业后能够从事政府管理部门、经贸、金融、邮电、电子、学校、交通、社区以及应用计算机网络的有关行业，从事计算机网络系统的设计、维护、管理等工作，从事网站开发与应用、网络安全管理、计算机软硬件调试、安装、计算机及网络产品营销等工作。

任务实施

产品发布会：电子信息产品新品发布会。

1. 任务内容要求

选题：以自己熟悉和喜爱的某款电子信息产品为对象，进行一次产品发布会，命题自拟。

发布会报告需包括以下关键点：

（1）产品的主要特点；

（2）产品的主要卖点。

2. 任务提交资料

电子信息新产品推介报告。

3. 格式要求

PPT形式，要求图文并茂，格式美观具有说服力。

4. 呈现形式

以小组为单位，PPT课堂路演，各小组路演时间不超过5分钟。

**任务评价**

项目名称：电子信息产品新品发布会	项目承接人： 姓名：	日期：
项目要求	扣分标准	得分情况
主题选择（15分） 以熟悉的某款电子信息产品为对象，命题自拟。 包括产品主要特征介绍和主要卖点介绍。	所选主题不切题（扣5分） 所选主题内容表述不清楚（扣5分）	
关键要求一（25分） 电子信息产品基本情况介绍	对新产品基本情况介绍不清楚（扣5分） 图文不当（扣5分） 资料引用过时（扣5分）	
关键要求二（25分） 电子信息产品卖点介绍	卖点分析不清楚（扣10分） PPT软件操作不熟练（扣5分）	
关键要求三（15分） 调研得出的结论：选择本产品的理由	对推介报告没有总结分析（扣10分） 对推介报告分析不清楚（扣5分）	

续表

项目名称：电子信息产品新品发布会	项目承接人：姓名：	日期：
项目要求	扣分标准	得分情况
整体内容的美感（20分）PPT的制作、演讲人的发挥	根据个人路演表现形式，酌情扣分	
评价人	评价说明	备注
个人		
老师		

任务2.2 为经济赋能的电子信息

任务引入

近年来，中央政府工作报告多次强调要加快培育、壮大新兴产业，明确要加快人工智能、集成电路、5G等技术研发和转化。在大力改造提升传统产业上，提出加快大数据、云计算、物联网应用，以新技术、新业态、新模式，推动传统产业生产、管理和营销模式变革。信息技术正在为实体经济赋能，在产业结构调整中发挥着越来越大的作用。

经过近20年的发展，我国在信息技术产业领域取得一定成果，驱动了信息产业和实体经济创新升级，极大改变了人们的工作和生活面貌。

2019年8月，工业和信息化部、科技部、中科协、中科院等国家部委和单位与重庆市政府共同举办中国国际智能产业博览会，坚持"智能化：为经济赋能，为生活添彩"主题，智汇八方、博采众长，重点围绕"会""展""赛"及"论"，集中展示全球智能产业的新产品、新技术、新业态和新模式等，聚焦人工智能、大数据、云计算、5G、区块链等全球智能技术最新成果，展现出电子信息强大的发展产业基础、广阔的发展前景。

任务目标

◆ 了解《中国制造2025》的简要情况；
◆ 理解电子信息在智慧农业中的应用；
◆ 理解电子信息在智能制造中的应用。

任务描述

信息技术正在为实体经济赋能，在产业结构调整中发挥着越来越大的作用，比如在工业生产中，广泛采用自动控制、自动调整装置，用以代替人工操纵机器和机器体系进行加工生产。如今自动化技术已经被广泛地应用于机械制造、电力、建筑、交通运输、信息技术等领域，成为提高劳动生产率的主要手段。

工业自动化水平的提高，必然伴随用工的变化。原来一条生产线需要上百人，可能现在只需要几个人就能完成。然而，伴随城市化水平的提高，我们却感觉身边的人越来越忙，似乎到处都在招工、到处都有"用工荒"。那么，随着工业自动化程度的提高，到底是用工越来越多，还是越来越少呢？

请同学们认真查找资料，并根据收集到的资料进行分析，从工业自动化程度越高，用工越多或者用工越少两个方面进行论证，然后进行一次辩论赛。

知识准备 <<<<<<<<<<<<<<<<<<<<<<<<<<<<<<

2.2.1 《中国制造 2025》简介

2015 年 5 月 19 日，国务院正式印发了《中国制造 2025》。这是党中央、国务院总览国际国内发展大势，站在增强我国综合国力、提升国际竞争力、保障国家安全的战略高度做出的重大战略部署，其核心是加快推进制造业创新发展、提质增效，实现从制造大国向制造强国转变。《中国制造 2025》由工业和信息化部会同发展改革委、科技部、财政部、质检总局、工程院等部门和单位联合编制。图 2 - 23 所示为中国政府网《中国制造 2025》主页宣传图。

制造业是国民经济的主体，是立国之本、兴国之器、强国之基。18 世纪中叶开启工业文明以来，世界强国的兴衰史和中华民族的奋斗史一再证明，没有强大的制造业，就没有国家和民族的强盛。打造具有国际竞争力的制造业，是我国提升综合国力、保障国家安全、建设世界强国的必由之路。

图 2 - 23 中国政府网《中国制造 2025》的主页宣传图

1. 指导思想

全面贯彻党的十八大和十八届二中、三中、四中全会精神，坚持走中国特色新型工业化道路，以促进制造业创新发展为主题，以提质增效为中心，以加快新一代信息技术与制造业深度融合为主线，以推进智能制造为主攻方向，以满足经济社会发展和国防建设对重大技术装备的需求为目标，强化工业基础能力，提高综合集成水平，完善多层次、多类型人才培养体系，促进产业转型升级，培育有中国特色的制造文化，实现制造业由大变强的历史跨越。

2. 十大领域

1）新一代信息技术产业

（1）集成电路及专用装备。着力提升集成电路设计水平，不断丰富知识产权（IP）和设计工具，突破关系国家信息与网络安全及电子整机产业发展的核心通用芯片，提升国产芯片的应用适配能力。掌握高密度封装及三维（3D）微组装技术，提升封装产业和测试的自主发展能力。形成关键制造装备供货能力。

（2）信息通信设备。掌握新型计算、高速互联、先进存储、体系化安全保障等核心技术，全面突破5G技术、核心路由交换技术、超高速大容量智能光传输技术、"未来网络"核心技术和体系架构，积极推动量子计算、神经网络等发展。研发高端服务器、大容量存储、新型路由交换、新型智能终端、新一代基站、网络安全等设备，推动核心信息通信设备体系化发展与规模化应用。

（3）操作系统及工业软件。开发安全领域操作系统等工业基础软件。突破智能设计与仿真及其工具、制造物联与服务、工业大数据处理等高端工业软件核心技术，开发自主可控的高端工业平台软件和重点领域应用软件，建立完善工业软件集成标准与安全测评体系。推进自主工业软件体系化发展和产业化应用。

2）高档数控机床和机器人

（1）高档数控机床。开发一批精密、高速、高效、柔性数控机床与基础制造装备及集成制造系统。加快高档数控机床、增材制造等前沿技术和装备的研发。以提升可靠性、精度保持性为重点，开发高档数控系统、伺服电机、轴承、光栅等主要功能部件及关键应用软件，加快实现产业化。加强用户工艺验证能力建设。

（2）机器人。围绕汽车、机械、电子、危险品制造、国防军工、化工、轻工等工业机器人、特种机器人，以及医疗健康、家庭服务、教育娱乐等服务机器人应用需求，积极研发新产品，促进机器人标准化、模块化发展，扩大市场应用。突破机器人本体、减速器、伺服电机、控制器、传感器与驱动器等关键零部件及系统集成设计制造等技术瓶颈。

3）航空航天装备

（1）航空装备。加快大型飞机研制，适时启动宽体客机研制，鼓励国际合作研制重型直升机；推进干支线飞机、直升机、无人机和通用飞机产业化。突破高推重比、先进涡桨（轴）发动机及大涵道比涡扇发动机技术，建立发动机自主发展工业体系。开发先进机载设备及系统，形成自主完整的航空产业链。

（2）航天装备。发展新一代运载火箭、重型运载器，提升进入空间能力。加快推进国家民用空间基础设施建设，发展新型卫星等空间平台与有效载荷、空天地宽带互联网系统，形成长期持续稳定的卫星遥感、通信、导航等空间信息服务能力。推动载人航天、月球探测工程，适度发展深空探测。推进航天技术转化与空间技术应用。

4）海洋工程装备及高技术船舶

大力发展深海探测、资源开发利用、海上作业保障装备及其关键系统和专用设备。推动深海空间站、大型浮式结构物的开发和工程化。形成海洋工程装备综合试验、检测与鉴定能力，提高海洋开发利用水平。突破豪华邮轮设计建造技术，全面提升液化天然气船等高技术船舶国际竞争力，掌握重点配套设备集成化、智能化、模块化设计制造核心技术。

5）先进轨道交通装备

加快新材料、新技术和新工艺的应用，重点突破体系化安全保障、节能环保、数字化智能化网络化技术，研制先进可靠适用的产品和轻量化、模块化、谱系化产品。研发新一代绿色智能、高速重载轨道交通装备系统，围绕系统全寿命周期，向用户提供整体解决方案，建立世界领先的现代轨道交通产业体系。

6）节能与新能源汽车

继续支持电动汽车、燃料电池汽车发展，掌握汽车低碳化、信息化、智能化核心技术，提升动力电池、驱动电机、高效内燃机、先进变速器、轻量化材料、智能控制等核心技术的工程化和产业化能力，形成从关键零部件到整车的完整工业体系和创新体系，推动自主品牌节能与新能源汽车同国际先进水平接轨。

7）电力装备

推动大型高效超净排放煤电机组产业化和示范应用，进一步提高超大容量水电机组、核电机组、重型燃气轮机制造水平。推进新能源和可再生能源装备、先进储能装置、智能电网用输变电及用户端设备发展。突破大功率电力电子器件、高温超导材料等关键元器件和材料的制造及应用技术，提升产业化能力。

8）农机装备

重点发展粮、棉、油、糖等大宗粮食和战略性经济作物育、耕、种、管、收、运、贮等主要生产过程使用的先进农机装备，加快发展大型拖拉机及其复式作业机具、大型高效联合收割机等高端农业装备及关键核心零部件。提高农机装备信息收集、智能决策和精准作业能力，推进形成面向农业生产的信息化整体解决方案。

9）新材料

以特种金属功能材料、高性能结构材料、功能性高分子材料、特种无机非金属材料和先进复合材料为发展重点，加快研发先进熔炼、凝固成型、气相沉积、型材加工、高效合成等新材料制备关键技术和装备，加强基础研究和体系建设，突破产业化制备瓶颈。积极发展军民共用特种新材料，加快技术双向转移转化，促进新材料产业军民融合发展。高度关注颠覆性新材料对传统材料的影响，做好超导材料、纳米材料、石墨烯、生物基材料等战略前沿材料提前布局和研制。加快基础材料升级换代。

10）生物医药及高性能医疗器械

发展针对重大疾病的化学药、中药、生物技术药物新产品，重点包括新机制和新靶点化学药、抗体药物、抗体偶联药物、全新结构蛋白及多肽药物、新型疫苗、临床优势突出的创新中药及个性化治疗药物。提高医疗器械的创新能力和产业化水平，重点发展影像设备、医用机器人等高性能诊疗设备，全降解血管支架等高值医用耗材，可穿戴、远程诊疗等移动医疗产品。实现生物3D打印、诱导多能干细胞等新技术的突破和应用。

3. 主要规划目标

1）体现创新能力的指标

加强自主创新能力是实现由工业大国向工业强国转变的核心，是实现我国价值链低端向高端跃升,加快推动增长动力向创新驱动转变的重要举措。《中国制造2025》提出,到2020年掌握一批重点领域的关键核心技术,优势领域竞争力进一步增强,到2025年创新能力显著增强,在全球产业分工和价值链中的地位明显提升。从定量指标看,确定了两个目标任务:

一是规模以上制造业研发经费内部支出占主营业务收入比重。为与国际具有可比性,该指标的预测,使用OECD的统计数据。未来十年,以OECD统计的1999—2012年我国制造业研发投入强度年均增速5.9%进行测算,2020年和2025年指标将分别达到1.26%和1.68%。

二是规模以上制造业每亿元主营业务收入有效发明专利数。据统计,2006—2013年,我国规模以上制造业每亿元主营业务收入有效发明专利数从0.16件增加到0.36件,年均增长12.4%,平均每年增加约0.029件。未来十年,按照12.4%的年均增速测算,2020年和2025年指标分别达到0.83件和1.48件;按照年均增加0.029(件)测算,2020年和2025年分别达到0.57件和0.71件。为提高指标预测的准确性,取两者均值,2020年和2025年指标分别达到0.70件和1.10件。

2)体现质量效益的指标

工业发展质量效益指标主要包括制造业质量竞争力指数、制造业增加值率和全员劳动生产率增速三个指标。

一是制造业质量竞争力指数。该指标为国内独创,是反映我国制造业质量整体水平的经济技术综合指标,由质量水平和发展能力两个方面、6个维度、12项具体指标计算得出。未来十年,预计国际市场需求不足的局面难有根本改观,传统低端产业竞争优势走弱不可避免,质量竞争力将继续保持中低增长速度,为此以年均增长0.19分(2010—2013年平均增长0.19分)计算,2020年和2025年分别达到84.5分和85.5分。

二是制造业增加值率。受世界金融及经济危机影响,我国制造业增加值率2008—2011年下降速度较快,近两年来开始止跌回稳。从2012年情况看,发达国家一般在35%以上,美国、德国、日本甚至超过45%,我国仅为其一半左右。未来十年,我国制造业结构调整和产业升级步伐加快,重化工业和加工贸易比重降低,制造业将逐步向价值链高端提升,计划"十三五"期间制造业增加值率将走出低谷期,2020年比2015年提高2个百分点,到2025年恢复到金融危机前的水平,比2015年提高4个百分点。

三是制造业全员劳动生产率。我国制造业全员劳动生产率与发达国家存在较大差距,但增速远远高于仅为0.5%~2%的美、日、德等发达经济体。未来十年,随着我国工业经济进入新常态,制造业增加值增速将逐步放缓,而制造业就业人口规模将相对稳定并突出结构优化,制造业全员劳动生产率与制造业增加值变化正相关并略高于后者增长速度。计划"十三五"和"十四五"期间,制造业全员劳动生产率年均增速分别为7.5%和6.5%左右。

3)体现两化融合的指标

未来十年,制造业信息化水平大幅提升,制造业数字化、网络化、智能化取得明显进展,两化融合迈上新台阶,宽带基础设施更加完善,数字化研发设计工具、关键工序制造装备数控化在企业得到广泛应用。

"十三五"期间,根据国务院颁布的《"宽带中国"战略及实施方案》发展目标,2020年我国固定宽带接入用户计划达到4亿户,其中家庭宽带用户约3.3亿户,固定宽带家庭普及率将超过70%。"十四五"期间,我国固定宽带发展进入缓慢增长的饱和阶段,预计宽带用户年均净增规模在1100万,据此估算2025年我国固定宽带接入用户将达到4.8亿户,其中家庭宽带用户将达到3.9亿户,固定宽带家庭普及率达到82%,达到发达国家当前的平均发展水平。

4）体现绿色发展的指标

我国实现可持续发展的重点在工业,难点也在工业。由于工业能耗占全社会能耗的70%以上,工业排放污染是我国污染的主要来源。《中国制造2025》提出,到2025年重点行业单位工业增加值能耗、物耗及污染物排放达到世界先进水平。《中国制造2025》还确定了4个定量指标,即规模以上单位工业增加值能耗2020年和2025年分别较"十二五"末降低18%和34%；单位工业增加值二氧化碳排放量分别下降22%和40%；单位工业增加值用水量分别降低23%和41%；工业固体废物综合利用率由"十二五"末的65%分别提高到73%和79%。

4. 新一代信息技术与制造技术的融合

科技创新始终是推动人类社会生产生活方式产生深刻变革的重要力量。

当前,信息技术、新能源、新材料、生物技术等重要领域和前沿方向的革命性突破和交叉融合,正在引发新一轮产业变革,将对全球制造业产生颠覆性的影响,并改变全球制造业的发展格局。特别是新一代信息技术与制造业的深度融合,将促进制造模式、生产组织方式和产业形态的深刻变革。

智能化、服务化成为制造业发展新趋势。泛在连接和普适计算将无所不在,虚拟化技术、3D打印、工业互联网、大数据等技术将重构制造业技术体系,如3D打印将新材料、数字技术和智能技术植入产品,使产品的功能极大丰富,性能发生质的变化；在互联网、物联网、云计算、大数据等泛在信息的强力支持下,制造商、生产服务商、用户在开放、共用的网络平台上互动,单件小批量定制化生产将逐步取代大批量流水线生产；基于信息物理系统（Cyber-Physics System,CPS）的智能工厂将成为未来制造的主要形式,重复和一般技能劳动将不断被智能装备和生产方式所替代。随着产业价值链重心由生产端向研发设计、营销服务等的转移,产业形态将从生产型制造向服务型制造转变。网络众包、异地协同设计、大规模个性化订制、精准供应链管理等正在构建企业新的竞争优势；全生命周期管理、总集成总承包、互联网金融、电子商务等加速重构产业价值链新体系。

新一轮科技革命与产业变革也给我国的制造业发展带来重要机遇。当今,我国在相当一些领域与世界前沿科技的差距都处于历史最小时期,已经有能力并行跟进这一轮科技革命和产业变革,实现制造业的转型升级和创新发展。

2.2.2 精准高效的智慧农业

猗猗嘉禾,今盈我仓,粮丰农稳,盛世安康。当初5亿多人吃不饱,到现在14亿人吃得好。70年间,中国用占世界9%的耕地养活了世界近20%的人口。藏粮于技,精准高效的智慧农业，让中华粮仓越来越稳固，确保任何时候都能产得出、供得上。春种秋收，广袤田野希望无限，中国的农业科技进步贡献率已经达到58.3%。

智慧农业以智能化、信息化手段来升级改造传统农业，是农业发展的高级阶段。智慧农业的实现需要以物联网作为核心技术支撑，是集移动互联网技术、云计算、3S技术［即遥感技术（RS）、地理信息系统（GIS）、全球定位系统（GPS）］及农业专家智慧和知识为一体，依托农业场地，利用各类传感器、检测仪器、视觉终端（提供的土壤水分、环境温度、现场图片等）和无线通信网络，通过智能化终端操作实现农业可视化远程诊断、远程控制、灾变预警等智能管理。

智慧农业可以实现对农业的精准控制，它按照田间每一操作单元的环境条件和作物产量的时空差异性，精细准确地调整各种农艺措施，最大限度地优化水、肥、种子、农药等的量、质和时机，达到降低虫情病害、减少施肥用药、降低劳动强度、减少人为责任风险、提升品质品相、绿色生态、可持续发展的目的。

下面介绍一下智能大棚、智慧养殖和食品安全溯源，这是智慧农业最典型的几种应用。

1. 环境可控的智能大棚

智能大棚是在传统农业大棚上进行改进升级、逐步换代的现代农业生产技术，它由原先单纯的粗放式生产反季节蔬菜，到如今已经呈规模化、集约化、精准化、科技化发展。智能大棚的作用是将智能化控制系统应用到大棚种植上，利用最先进的生物模拟技术，模拟出最适合棚内植物生长的环境，采用温度、湿度、CO_2、光照度等传感器感知大棚的各项环境指标，并通过计算机进行数据分析，由计算机对大棚内的水帘、风机、遮阳板等设施实施监控，从而改变大棚内部的生物生长环境。图2-24所示为智能大棚的基本构成。

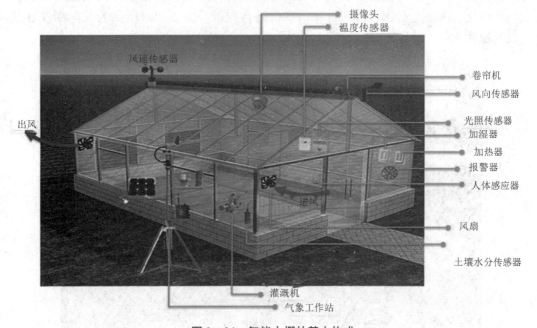

图2-24 智能大棚的基本构成

1) 电工电子与信息技术在智能大棚中的应用

（1）单栋大棚：图2-25所示为单栋大棚智能系统。单栋大棚利用物联网技术，让大棚成为无线传感器网络的一个测量控制区，采用不同的传感器节点和具有简单执行机构的节点，如风机、低压电机、阀门等工作电流偏低的执行机构，构成无线网络，来测量基质湿度、成分、pH值、温度以及空气湿度、气压、光照强度、二氧化碳浓度等，再通过模型分析，自动调控大棚环境、控制灌溉和施肥作业，从而获得植物生长的最佳条件。

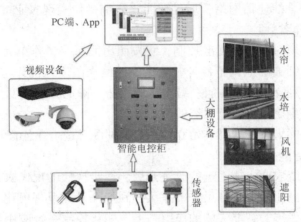

图2-25 单栋大棚智能系统

（2）农业园区：大棚成片的农业园区，通过配备无线传感节点，让每个无线传感节点监测各类环境参数，再通过接收无线传感汇聚节点发来的数据，进行存储、显示和数据管理，实现所有基地测试点信息的获取、管理和分析处理，并以直观的图表和曲线方式显示给各个大棚的用户，同时根据种植植物的需求提供各种声光报警信息和短信报警信息，实现大棚集约化、网络化远程管理的自动信息检测与控制。图2-26所示为我国浙江省莲花镇建起的现代农业产业园。

图2-26 浙江省莲花镇现代农业产业园

2）智能大棚的主要优势

智能大棚的水肥供应、基质、气候、光照、作物育种、种子生产、作物保护、机械作业、内外运输以及分级和包装等方面，都采取相应的自动化控制系统。图 2-27 所示为智能大棚管理系统。

图 2-27 智能大棚管理系统

（1）在大棚生产准备阶段，通过物联网系统在大棚里布置各类传感器，实时分析大棚内部环境信息，从而更好地选择适宜种植的品种。

（2）在大棚生产阶段，利用物联网技术手段采集大棚内温度、湿度等各类信息，来实现精细管理。例如遮阳网开闭的时间可以根据大棚内温度、光照等信息来控制，加温系统启动时间可根据采集的温度信息来调控等。

（3）在大棚作物收获后，利用物联网采集的信息，对不同阶段作物的表现和环境因子进行分析，反馈到下一轮的生产中，从而实现更精准的管理，获得更优质的产品。

系统通过自动化控制、监测温室内作物生长需要的各项参数，通过对各项参数进行测量，针对不达标的参数进行智能控制调节或者报警预示，可实现保温、保湿、光照调节、灯光调节、天窗开关、侧窗开关以及历史数据的记录等。

智能温室控制系统软件主控中心采用3D动态现场图显示形式，可直观地监测大棚内外的情况，可视性良好，立体感强，并伴有数据显示，使智能大棚情况更加可视化。

2. 高产低耗的智慧养殖

近几年来，随着全球气候急剧变化，鱼塘的温度、含氧量随时发生变化，养殖业面临巨大挑战。

案例：由于这几天天气高温不退，老王急坏了，他家池塘的温度也高起来了。老王马上拖了水管往池塘里注冷水。然而到了晚上，池塘严重缺氧，老王全然不知，第二天早上起来一看，鱼塘表面漂浮着一大片鱼儿的尸体，老王心痛不已。图 2-28 所示为鱼塘因缺氧"翻塘"，给养殖户带来巨大损失。

图2-28 鱼塘因缺氧"翻塘"

养殖业是一种"高投入、高产出、高效益"的集约化产业，需要耗费大量的人力和自然资源，并在某种程度上对环境造成负面影响。智慧养殖利用信息技术，对养殖业的各个要素进行数字化设计、设施智能化控制、精准化运行及科学化管理，有效地减少资源消耗，降低生产成本，并减少对环境的影响，使养殖业成为管理科学、资源节约、环境友好、效益显著的产业。

以水产养殖为例，以前的鱼塘养殖户们要每天24小时看管鱼塘，不仅要实时观察鱼塘的水温、光照、湿度等问题，更重要的是时刻掌握好鱼塘水的溶氧值。利用物联网技术构建的智慧鱼塘养殖监控系统，提供水环境监测、远程控制等功能，综合利用计算机与网络通信技术、传感器技术、电子技术，对水产生长繁育阶段的水温、光照强度和pH值等各项基本参数实时监测预警，养殖户可随时通过移动终端（如手机）了解鱼塘的情况，掌握鱼塘水质实时数据的变化，实时监控鱼塘现场环境。一旦发现问题，能够及时自动处理，远程操作鱼塘中的增氧设备等，全面提升水产养殖水平。图2-29所示为鱼塘养殖系统环境监测设施。

图2-29 鱼塘养殖系统环境监测设施

1）智慧养殖系统的组成

智慧养殖系统可实现 24 小时实时测量温度、pH 值、含氧量等水环境数据；能够远程控制加氧、换水设备，保证水环境时刻处于最佳状态；当温度、pH 值、含氧量等数据出现异常时，主动发出报警信号；监控中心可以远程实时查看视频等。图 2-30 所示为鱼塘养殖系统组成。

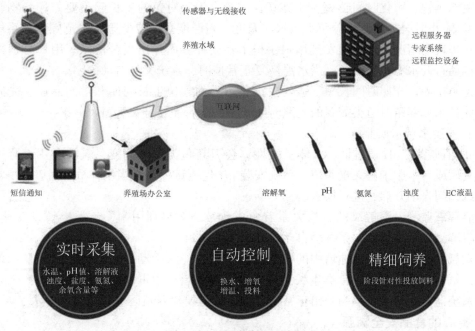

图 2-30　鱼塘养殖系统组成

智慧养殖系统包括三个子系统：环境监测与自动控制、网络监测平台、信息管理平台。

（1）环境监测与自动控制

环境监测与自动控制包括温度传感器、含氧量传感器、pH 传感器等，采集 pH 值、含氧量、温度等数据并发送到监控中心。当水质异常时会自动发送短信报警，控制换水、加氧等设备根据需要工作，监控中心可以实时查看现场视频。

（2）网络监测平台

网络监测平台包括 Web 服务器、数据服务器以及 PC 等设施，负责 24 小时不间断采集现场实时数据，动态显示鱼塘水环境数据，自动形成报表。养殖户可以通过访问监控平台实时查看相应数据和视频，控制换水、加氧等设备。

（3）信息管理平台

信息管理平台进行数据的采集、存储、处理、分析、接口、运维等，具备海量数据存储和大规模计算性能，支撑远程及智能终端的查询、管理和控制。

智慧养殖系统通过总线将数字传感器（也可采用模拟输出传感器）与无线智能测控终端连为一体，构成现场监控单元。无线智能测控终端内置 CPU 模块、数据存储模块、控制模块、GPRS/CDMA 数据通信模块，直接通过 GPRS 无线模块将现场数据与远程控制中心连接，将采集数据实时发送到远程数据库服务器，并存储到数据库中。智慧养殖系统采用智能化控制管理，能够通过现场、控制中心、远程互联网或者手持终端对设备运行状态和故障信息进行实时监测预警，并随时修改或控制设备运行状态。

2）智慧养殖系统主要监测项目

（1）养殖水域环境监测

①温度监测。温度是影响水产养殖的重要环境因素之一，其中包括进水口温度、池内温度、养殖场空气温度等。根据经验总结，在适合的水温范围内，水温越高，鱼类摄食量越大、生长越快、孵化时间越短。计算好合适的水温，对鱼的生长起重要作用。物联网监测系统可24小时全天候监测养殖水域水体温度，当温度高于或低于设定范围时，系统自动报警，并将现场情况通过短信发到用户手机上，监控界面弹出报警信息。用户可通过重新设置，自动打开水温控制设备，当水温恢复正常值时，系统又会自动关闭。

②光照检测。光照时间长短、强弱决定着鱼类的繁殖生长周期和生产品质，光照系统会自动计算水域养殖时鱼类需要的光照时间长短，是否需要开关天窗。

（2）养殖水域水质监测

①pH值监测。pH值过低，水体呈酸性，会引起鱼类鱼鳃病变，氧的利用率降低，造成鱼类生病或者水中细菌大量繁殖。系统安装pH值测试探头，当水体pH值超过正常范围时，水口阀门自动开启，进行换水。

②溶解氧监测。溶解氧的含量关系着鱼类食欲、饲料利用率、鱼类生长发育速度等，当水体溶解氧含量降低时，系统会自动打开增氧泵增氧。

③氨氮含量监测。养鱼池塘中的氨氮来源于饵料、水生动物排泄物、肥料及动物尸体分解等，氨氮含量高会影响鱼类生长，过高则会造成鱼类中毒死亡，给养殖生产带来重大损失。系统监测氨氮含量，当超出正常值范围时，就要对养殖区进行清洁或换水。

3. 省心的食品安全溯源

你吃的食物来自哪里？是如何养殖或种植的？是什么等级的？主要营养成分有哪些？是否符合国家相关安全标准？如果在我们购买食物时，能够了解到这样一些信息，使每个人买到的每一样食物，都是"特供"，是不是让人感觉更放心？

我国政府十分重视食品安全战略，多次提出，"要创建优质农产品和食品品牌。继续推进农业标准化示范区建设。加快健全从农田到餐桌的农产品质量和食品安全监管体系，建立全程可追溯、互联共享的信息平台，加强标准体系建设，健全风险监测评估和检验检测体系。"

食品安全已成为全球共同关注的焦点，关乎国计民生，如何对食品进行有效跟踪和追溯是一个极为迫切的课题。

1）溯源的方法

基于物联网、移动互联网、云计算、大数据等先进的信息化技术，从智能生产的农产品信息化入手，搭建模块化的农产品智能物联网溯源监管平台，以品质监管为安全保障体系和运维服务体系，结合农产品整个生命周期质量安保体系和标准体系的设计与制定，对农产品"从种子到餐桌"进行全品类、全区域、全覆盖、全流程溯源监管，推动农产品产业和产区升级，真正实现农产品"责任可认定、生产可记录、流向可跟踪、安全可预警、身份可调查、产品可召回"的农产品溯源平台，如图2-31所示。

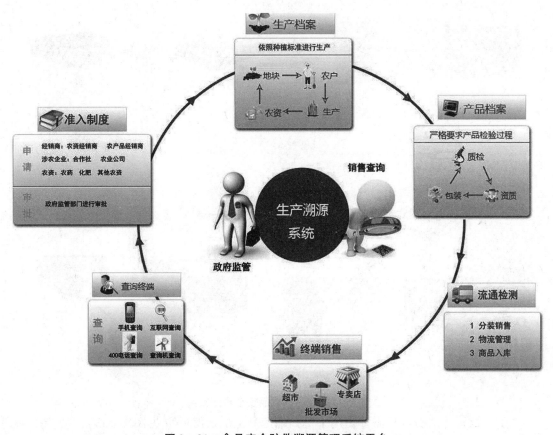

图 2-31　食品安全防伪溯源管理系统平台

2）溯源流程

溯源平台覆盖众多农产品种类，包括家禽、粮油、干果、菌类、奶蛋、果蔬、药材等各类农产品，要求农产品从原产地生产种植、采收入库到加工运输、销售等各环节的关键信息的采集覆盖，为最终的消费环节严把质量关。

（1）生产信息采集：监督并反馈工人的田间劳作情况（主要是病虫害防治和肥水管理），采集生产阶段信息。

（2）加工信息采集：建立农产品的分类、品质等级、数量、来源、出入库时间、检测结果等信息化数据库，在进入流通环节前严格农产品品质控制。

（3）运输信息管理："订单从产后处理中心到消费者餐桌"的农产品运输环境（温度、湿度、二氧化碳）和车辆轨迹，确保每个订单在最佳食用窗口期送到消费者手中。

3）相关技术

国内现行的食品安全溯源技术大致有三种：

（1）RFID 无线射频技术：在食品包装上加贴一个带芯片的标志，产品进出仓库和运输就可以自动采集和读取相关的信息，产品的流向都可以记录在芯片上，图 2-32 所示为RFID 食品安全溯源系统。

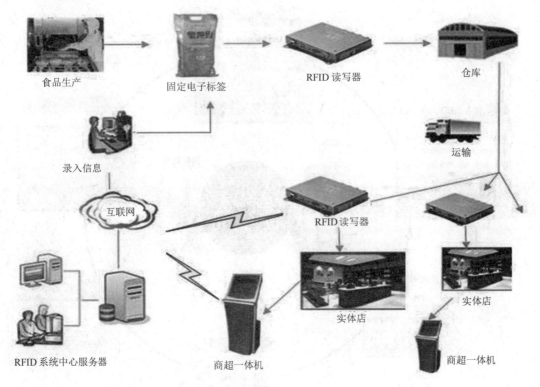

图 2-32　RFID 食品安全溯源系统

（2）二维码：消费者只需要使用手机扫描产品上的二维码（见图 2-33），就能查询到产品的相关信息，如产品产地、物理特性、商品特点，有的还包括种植园信息、检测信息、企业资质等，再附上采摘负责人、种植基地、树龄、成长过程（施肥时间、灌溉除草记录、病虫种类以及防治方法等）、采摘等多张图片（见图 2-34）。甚至查询记录都会保留在系统内，一旦产品需要召回就可以直接发送短信给消费者，实现精准召回。

这样的食品，是不是让人吃着感觉很放心？

图 2-33　苹果上的二维码

图 2-34　通过苹果二维码扫描得到的食品溯源信息

（3）条码：在条码中可以加上产品批次信息，如生产日期、生产时间、批号等，如图 2-35 所示，还可以加上二维码，可通过扫描二维码，来了解食品的相关知识，如食品的制作技巧、食用方法、禁忌、相关菜谱等，给消费者带来便利。

食品生产企业几乎不用增加生产成本，就能给消费者带来更多便利，提升消费者购物的愉悦感。

图 2-35　食品上的条码信息

小知识 <<<

怎么给自己建一个二维码？

非常简单，直接在"百度"搜索"二维码"，在弹出的搜索结果中，选择一个二维码生成器，点击进去，根据提示操作就可以了，如图2-36所示。

二维码可以是一段文字，也可以是一个网址。因此，它具有信息获取、网站跳转、广告推送、防伪溯源、优惠促销、会员管理、手机支付、账号登录的功能。

二维码信息容量大、操作方便，但也容易成为病毒、钓鱼网站传播的渠道。所以，使用的时候需要注意安全问题。

图2-36 二维码在线生成

在我们的生活中,二维码无处不在。支付码、名片码、健康码、校园码、复学码、乘车码、挪车码……

用过的二维码不可能再重复使用。那么问题来了,要用到这么多码,二维码会用完吗?请大家到网上查找答案,结果可能会让你大吃一惊哦!

2.2.3 超能的智能制造

大家想到的现代工厂长什么样?厂内工人很少甚至无人,数字化、设备全互联,生产信息在线监控……这些,都是目前能够想到用来描述现代化工厂的关键词。

1. 高质高效的智能工厂

一提到工厂,大家的印象一般都是:宽敞明亮的厂房、整齐的流水线、穿梭忙碌的工人、无人操控的机器人……

总之一句话:现代工厂,是智能的!那么,什么是智能工厂?

1)智能工厂的概念

智能工厂是利用各种现代化的技术,实现工厂的办公、管理及生产自动化,加强及规范企业管理、减少工作失误、堵塞各种漏洞、提高工作效率、进行安全生产、提供决策参考、加强外界联系、拓宽国际市场。

如图2-37所示,智能工厂模式在企业已获广泛应用。智能工厂中将大量使用各类传感器、机器人;基于大数据、云平台的智能分析工具将帮助企业实现更为科学的决策;生产的本地性概念不断被弱化,由集中生产向网络化异地协同生产转变;信息网络技术使不同环节的企业间实现信息共享,实现全球范围内的资源高效协作和配置。

图2-37 智能工厂模式在企业已获广泛应用

2)智能工厂涉及系统组成

智能工厂能提高生产过程的可控性、减少生产线人工干预,以及合理计划安排生产流程,集楼宇自控系统、生产过程监控系统、工业电视监视及保安电视监视系统、防盗报警系统、停车场管理系统、一卡通智能化管理系统、公共广播系统、综合布线系统、计算机网络系统,以及测控技术与仪器专业系统等智能手段和智能系统等新兴技术于一体,构建高效、节能、绿色、环保、舒适的人性化工厂,它是一个综合系统。图 2-38 所示为上海仪电智慧工厂实施方案。

该方案的具体内容包括:工业物联网(IoT)建设、构建大数据分析平台、打造工厂整体效率可视化系统、制定智能工厂成熟度模型与评价标准,该系统从产品出发,梳理工艺流程、生产线布局和整体生产流程,结合大数据、智能仪表盘、工业物联网等创新数字化技术,打造透明可视化的智慧工厂,提升整体制造智能化水平。

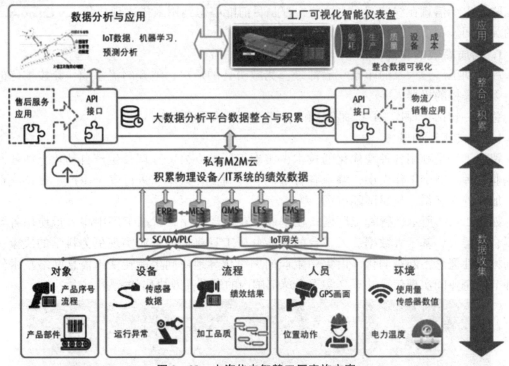

图 2-38 上海仪电智慧工厂实施方案

3)智能工厂的特点

智能工厂已经具有了自主能力,可自动采集、分析、判断、规划;通过整体可视技术进行推理、预测,再利用仿真及多媒体技术,展示设计与制造过程,形成闭环控制。系统中各组成部分可自行组成最佳系统结构,具备协调、重组及扩充特性,使系统具备自我学习和自行维护能力。因此,智能工厂实现了人与机器的相互协调合作,其本质是人机交互。

(1) 生产设备网络化

以前的车间只实现了机器与机器(也就是 Machine to Machine,即 M2M 模式)之间的连接,而物联网的出现实现了物与物、物与人、所有的物品与网络(也就是 Internet of Things,即 IoT)的连接。

(2) 生产过程透明化

制造执行系统(MES)为企业生产车间提供完整的信息化建设方案,能够为离散型制造车间现场带来规范的管理模式。它规范原始资料,提高计划的可执行性,加强生产现场控制,实现车间内部的科学管理,打通企业的三级信息流。

整个生产过程由制造执行系统进行管理，使整个智能系统获取足够多的生产数据，并对这些数据进行分析，构成智能工厂的神经系统，如图2-39所示。

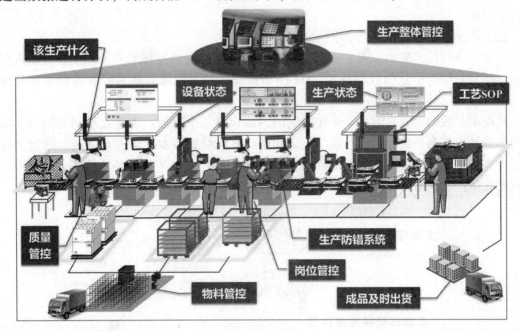

图2-39 制造执行系统（MES）

（3）生产数据可视化，靠大数据分析进行决策

在智能工厂的生产现场，智能系统每隔几秒收集一次制造执行系统上传的数据，利用这些数据对各个环节进行分析，制订相应的改进方案，通过不断优化来使工厂的生产达到最优状态。

（4）生产现场无人化，真正做到"无人"工厂

智能系统自行管理工厂中的所有生产任务。生产中遇到问题，一经解决，立即恢复自动化生产，整个生产过程无须人工参与，实现"无人"的智能生产。

（5）生产文档无纸化，实现高效、绿色制造

生产文档进行无纸化管理，需要的生产信息都可在线快速查询、浏览、下载，可提高效率，降低浪费。

2. 重构工业生态的工业互联网

我国海尔集团推出了具有中国自主知识产权、全球首家引入用户全流程参与体验的工业互联网平台COSMOPlat。工业互联网是全球工业系统与高级计算、分析、感应技术以及互联网连接融合的一种结果。

1）工业互联网的概念

（1）工业互联网的定义

工业互联网是基于工业数据，运用大数据技术，贯穿于工业生产的设计、工艺、生产、管理、服务等全生命周期，使工业系统具备描述、诊断、预测、决策、控制等智能化功能的模式和结果。

工业互联网的本质是通过开放的、全球化的工业级网络平台把设备、生产线、工厂、

供应商、产品和客户紧密地连接和融合起来,高效共享工业经济中的各种要素资源,从而通过自动化、智能化的生产方式降低成本、增加效率,帮助制造业延长产业链,推动制造业转型发展。

(2) 工业互联网的内涵

工业互联网技术架构如图2-40所示(图中IT网络指信息技术网络,主要包括现代计算机、网络通信等信息领域的技术;OT网络指操作技术网络,是工厂内的自动化控制系统)。

从图中,我们可以看出,工业互联网的内涵包含三个层面:工业互联网是网络,实现机器、物品、控制系统、信息系统、人之间的泛在联结;工业互联网是平台,通过工业云和工业大数据实现海量工业数据的集成、处理与分析;工业互联网是新模式、新业态,实现智能化生产、网络化协同、个性化定制和服务化延伸。

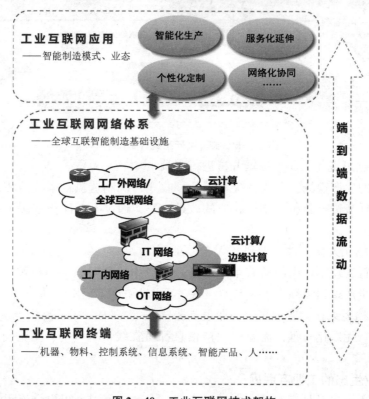

图2-40 工业互联网技术架构

2) 工业互联网的关键技术

工业互联网是互联网和新一代信息技术与全球工业系统全方位深度融合所形成的产业和应用生态,是工业智能化发展的关键综合信息基础设施。在工业互联网领域,我们要想获得持续、稳健的发展,需要具备坚实的技术基础。从工业互联网目前的发展来看,主要包括以下技术。

(1) 云计算

新的智能化设备,必须需要超强大的计算机能力。云计算给每一个智能终端都提供了强大的计算能力以及寻址能力这两个关键的基础技术要素。

(2) 工业大数据

工业大数据在工业领域中围绕智能制造模式，采集从客户需求到销售、订单、计划、研发、设计、工艺、制造、采购、供应、库存、发货和交付、售后服务、运维、报废或回收再制造等整个产品全生命周期、各个环节所产生的各类数据及相关技术和应用，是制造业提高核心能力、整合产业链和实现从要素驱动向创新驱动转型的有力手段。

(3) 工业机器人

工业机器人是广泛用于工业领域的多关节机械手或多自由度的机器装置，具有一定的自动性，可依靠自身的动力能源和控制能力实现各种工业加工制造功能。工业机器人被广泛应用于电子、物流、化工等各个工业领域之中，极大地提高劳动生产率。

(4) 3D 打印

3D 打印通常采用数字技术材料打印机来实现，常在模具制造、工业设计、产品制造中使用，如珠宝、鞋类、工业设计、建筑、工程和施工（AEC）、汽车、航空航天、牙科和医疗产业、教育、地理信息系统、土木工程、枪支以及其他领域都有所应用。3D 打印将线上设计和线下生产的高度融合，使生产轻量化，实现分布式生产。

(5) 知识工作自动化

知识工作自动化指的是信息处理的自动化，它包含常规的互联网信息交互、模式识别、人工智能、机器学习等最前沿的技术。

(6) 工业网络安全

工业互联网要在企业包括跨企业之间进行信息传递，安全问题必须解决。这包括接入设备本质安全，即设备的本身是以工业用途为使用目的，而不是获取信息，或者是黑客行为为目的；网络安全，即信息的获取和数据的传输必须保证其安全、不被篡改；完备的系统安全应急措施，即当系统受攻击、失效乃至崩溃的时候，要有强大、快速的应急方案和系统恢复方案，使原有的系统可以正常运行，而不至于失效。

(7) 虚拟现实

虚拟现实技术囊括计算机、电子信息、仿真技术于一体，可以把设计师的想法通过虚拟现实技术模拟出来，在虚拟环境中预先看到实际效果，帮我们进行更加有效的、智能化的设计和制造。

(8) 人工智能

人工智能使机器具有了思考能力，在工业生产中可实现应用数据的可视化分析、机器自我诊断、预测性维护等，大大地提高工业自动化的可靠性。

(9) 工业物联网

工业物联网将具有感知、监控能力的各类采集、控制传感器或控制器，以及移动通信、智能分析等技术不断融入工业生产过程各个环节，从而大幅提高制造效率，改善产品质量，降低产品成本和资源消耗。

3）工业互联网对行业从业人员的要求

以前因为技术落后，传统企业依靠大量的人工投入车间生产各种产品，从原料筛选到包装出货，每个环节都需要投入大量的人工，不但生产效率不高，企业每年也需要承担大笔的人工成本。

随着工业互联网的发展，各个企业用无人车间、全自动生产线、智能机器人等一系列人工智能设备替代了一线工人。今后工人将不再从事辛苦的体力劳作，更多的是操控机器、监控设备数据等，不但工作效率得到大幅度的提升，工人体力劳动强度也比原来下降很多。

在这种情况下，企业对行业从业人员的要求也发生了很大变化，如图2-41所示。

(1) 技术工人能力复合化

随着技术的不断改进和发展，一线工人不仅需要具备分析处理问题的能力，也应具备以信息化素养为首的综合能力，需有更强的信息理解能力，要具备创新能力、问题分析能力、扎实的专业知识、团队合作精神以及应用转化等能力。

(2) 学习能力要求更强

智能制造强调"人机协作"，让人和智能机器共存，智能机器进行作业，人来管理智能机器。因此，要把操作工提升为技术工程师来管理更多的智能机器，以创造更多的产能。这要求技术工人必须具有更强的学习能力，具有更强的综合素质。这使未来智能制造领域的蓝领地位，甚至可能超越白领的地位。

图2-41　工业互联网对工人技能要求提高

4) 工业互联网时代，我们该如何做

工厂不再需要没有技术的工人。要想不被淘汰，我们该如何做？

(1) 学习技能

再先进的机器设备，都是需要人来操作，才能实现生产。我们可以通过学习来提升技能，达到智能制造对技术工人的要求。工厂配备智能自动化生产设备，那么我们就根据自己擅长的行业去学习相关技术，如设备调试、维修保养等。这也正是我们到技工学校学习技术的主要目的。

(2) 继续学习

职业教育只是我们走入社会的一个起点，即使工作后，我们依然需要不断地学习。我们可以通过继续教育，来对自己进行知识更新、补充、拓展和能力提高。科技迅速发展，知识总量激增，应用周期缩短，从而导致了社会产业结构、技术结构、职业结构等随之发生变化。这种变化要求从业人员重新形成的劳动力要有较强的职业应变能力和更高的智能结构。

（3）改变固有思维

以前工作中只需要重复一个动作去做一件事，很容易被机器人代替。自动化的设备可以比你做得更快更好。工作中要多学、多问，不断锻炼自己，提升自己的能力，适应企业的发展。

3. 强势崛起的中国智造

2020年初，新冠疫情席卷中国，在这场疫情防控阻击战中，"中国智造"展现出了震惊世界的实力。10天建成一座现代化医院、无人机成为农村阻击疫情"奇兵"、机器人奔忙在防疫一线、热成像"锁定"疑似病患……种种科幻电影般的场景不断刷新着"中国智造"的形象，坚定着中国人民打赢这场疫情防控阻击战的信心，展现出中国经济的极强韧性。图2-42所示为快速建设中的雷神山医院，它的建成只用了10天时间，在疫情中发挥了重大的医疗作用。

图 2-42　快速建设中的雷神山医院

1）中国智造崛起的历史背景

改革开放以来，中国制造业强势崛起。

发展到21世纪初，由于缺乏先进的技术支撑，我国三个产业表现出一些突出问题：第一产业不稳，抗御自然灾害的能力较弱；第二产业不强，虽然有个别行业技术水平处于世界领先地位，但大多数技术相对落后，呈现"中国制造多，中国创造少"的格局；第三产业发展严重不足，产值比重只有40%，特别是和现代农业、现代工业相适应的现代第三产业，即现代金融、现代保险、现代信息业等发展严重滞后。

2010年前后，"Made in China（中国制造）"遍及全球，中国拥有了"世界工厂"的地位。但是，世界对"中国制造"毁誉参半，中国对自己的"世界工厂"地位褒贬不一。"Made in China"长期以来似乎是廉价产品的代名词。中国拥有自主知识产权核心技术的企业比例很低，诸多行业的对外技术依存度超过50%。很多无自主品牌、无自主设计、无核心技术的"三无"中资企业，仅靠代工生产来赚取微薄的利润。中国必须思变，实现由"中国制造"上升到"中国智造"，从"世界加工厂"转变为"世界创造基地"。

2)"中国智造"强势崛起

中国智造是我国加快推进产业结构调整，适应需求结构变化趋势，完善现代产业体系，积极推进传统产业技术改造，加快发展战略性新兴产业，提升中国"智造"水平，全面提升产业技术水平和国际竞争力的一项重要发展战略。

智能产业在世界范围内蓬勃兴起，智能化成为技术变革、产业发展的重要方向。这个过程以大数据为基础，在制造、投资、贸易、教育、医疗、文化、交通、建筑、居住、生态环保等多个领域广泛应用。从汽车到钢铁，再到电子科技产品制造，越来越多的传统产业开始注重智能化改造提升，寻求新的增长空间。智能化技术成果涵盖人工智能、大数据、云计算、物联网等领域，正在不断创造新的生产供给、激发新的消费需求。

中国加码智能科技，助推了生产力跃升，诸如无人驾驶激活汽车产业，智能手臂再造智慧工厂，刷脸支付重塑零售业态……通过智能科技，更多传统企业得以拥抱智能大时代。

2019中国国际智能产业博览会（以下简称智博会）在重庆召开。国家主席习近平在对会议的贺信中强调，中国高度重视智能产业发展，加快数字产业化、产业数字化，推动数字经济和实体经济深度融合。中国愿同国际社会一道，共创智能时代，共享智能成果。

短短的几天里，5G全息通话、AI智能体验、MR趣味游戏……一项项前沿科技应用闪亮登场，带来一场场精彩体验，展示出智能技术和产业无限的发展前景，中国正成为智造大国。

在重庆，智能化正成为热词。电子、汽车、摩托、汽配等传统制造业都在纷纷建设数字化车间与智能工厂；华为云、阿里云、腾讯云、京东云、紫光云、浪潮云……各种云技术、云工程、云管理在重庆遍地开花。依赖其搭建的各类云计算、物联网平台，将加速助推重庆成为全国云计算、物联网领域的示范基地和创新高地。

3）智能产业，为经济赋能

智能化赋予中国人生活越来越多的"未来感"。

当前，以互联网、大数据、人工智能等为代表的现代信息技术日新月异，智能产业在全球范围内快速兴起，为经济社会发展注入了新动能。眺望未来，数字经济和实体经济深度融合大有可为，智能产业将不断为经济赋能、为生活添彩。

伸出手掌，大门自动亮灯并开启；看一眼门，门立刻自动打开……这些以往在科幻片里才能看到的场景，在2019智博会美心展厅里都已成为现实。伸手开门和用眼睛开门，实际上是掌纹识别和虹膜识别技术。过去，这些高尖端的技术主要用于金库、高涉密研究机构，如今随着科技发展，这些技术正进入寻常百姓家，并给市民的生活带来"革命性"变化。

智能家电试新衣，会说话的博物馆，无人驾驶的汽车，坐在家享受5G＋8K的超清电视……这些都不再是天方夜谭，它们即将占据人们生活的方方面面。

无论是已经上岗的AI医生，还是随处可见的送餐机器人，还有可以感知水压的消防栓、自动报警的巡更机器人，人工智能都在不断赋能城市发展。

当前，由人工智能引领的新一轮科技革命和产业变革方兴未艾。人工智能早已超越技术概念，成为提升国际影响力的新领域，引领国际竞争的"胜负手"。我们要立足大局、把握大势，站在国际科技前沿，积极推动智能产业不断发展；要坚持创新、补足短板，确保智能产业关键核心技术牢牢掌握在自己手里；要保持定力、稳步推进、未雨绸缪、居安思危，稳扎稳打推进核心技术，将其牢牢掌握在自己手里。

任务实施

辩论赛：工业自动化与用工的关系。

1. 任务内容要求

选题：

正方为"工业自动化程度越高，用工越多"；

反方为"工业自动化程度越高，用工越少"。

以小组为单位，调研工业自动化与用工的关系，并按正、反方各准备一套资料，然后通过抽签进行辩论赛。

辩论赛需包括以下关键点：

（1）正反方以抽签来决定。

（2）辩论过程由学生自行组织，并评定成绩。

2. 任务提交资料

将辩论资料整理，撰写出工业自动化与用工关系小论文。

3. 格式要求

Word 形式，要求认证充分，具有说服力。

4. 呈现形式

辩论赛 + 小论文。

任务评价

项目名称：工业自动化与用工的关系	项目承接人： 姓名：	日期：
项目要求	扣分标准	得分情况
主题选择（15 分） 以工业自动化与用工关系为对象，进行辩论赛。	所选主题不切题（扣 5 分） 所选主题内容表述不清楚（扣 5 分）	
关键要求一（25 分） 辩论赛准备充分，辩论过程有理有据。	辩论赛准备不充分（扣 5 分） 辩论过程缺少资料（扣 5 分） 资料引用过时（扣 5 分）	
关键要求二（25 分） 遵守辩论会章程，服从主持人安排。	辩论过程不符合章程（扣 10 分） 不服从主持人安排（扣 5 分）	
关键要求三（15 分） 撰写小论文：整理辩论资料，形成小论文。	对辩论没有总结陈词（扣 10 分） 对总结陈词阐述不清楚（扣 5 分）	
整体内容的美感（20 分） 辩论赛表现、小论文水平。	根据小组辩论表现情况，酌情扣分	
评价人	评价说明	备注
个人		
老师		

任务2.3 新一代电子信息技术

任务引入

2019年的科学技术奖励大会上习近平主席提出了：要瞄准制约我国产业升级的关键核心技术瓶颈开展攻关，大力发展新一代信息技术、人工智能、数字经济等，加速科技成果转化，不断催生更多新产业新业态，增强经济发展新的支撑力和新动能。其中提到了要攻关"卡脖子"的关键核心技术，同时提到了要大力发展新一代信息技术。其实"卡脖子"也不是才出现的，从我们国家成立开始，西方国家就一直在军事科技领域对我们"卡脖子"，只不过近年来从军事科技领域的对抗发展到民用科技领域，也是中华民族伟大复兴与西方国家日渐式微的激烈斗争的一个缩影。

那么新一代信息技术到底包括哪些技术呢？里面又有哪些关键核心技术呢？这些关键核心技术有没有我们被"卡脖子"的技术呢？这些"卡脖子"技术对行业应用和发展又有多少影响呢？下面我们就带着这些问题来学习新一代电子信息技术。

任务目标

◆ 了解新一代电子信息技术的概念及特点；
◆ 了解新一代电子信息技术涉及的关键技术；
◆ 理解新一代电子信息技术在行业中的应用。

任务描述

"十四五"规划和2035年远景目标建议，加快壮大新一代信息技术、生物技术、新能源、新材料、高端装备等产业，其中明确提到了新一代信息技术。新一代信息技术包含哪些内容呢？

人工智能、大数据、云计算、5G技术、物联网、区块链等都是我们在科技新闻或日常生活中经常听到的，有些技术已经在行业中应用，甚至与我们的生活息息相关。请大家收集各种新一代信息技术资料，对其进行分析，形成任务报告，并把它推介给大家。

知识准备

2.3.1 人工智能

谷歌公司的人工智能围棋系统阿尔法围棋（AlphaGo）与韩国围棋九段棋手李世石和中国围棋九段棋手柯洁进行了两场"人机大战"赛。第一场为2016年3月9日至15日在韩国首尔进行的五盘比赛，阿尔法围棋以4比1战胜李世石；第二场为2017年5月23日至27日在中国嘉兴乌镇进行的三盘比赛，阿尔法围棋以3比0战胜世界排名第一的柯洁。

本次比赛的影响在于对普通人而言人工智能不再"云山雾罩"，而是了解到人工智能已经实实在在地渗透到每个人的工作和生活中,比如旅游、出行、教育、医疗等生活服务领域。

1. 人工智能概念

1)什么是人工智能

人工智能(Artificial Intelligence,AI)是研究、开发用于模拟、延伸和扩展人的智能的理论、方法、技术及应用系统的一门新的技术科学。

人工智能是计算机科学的一个分支,它企图了解智能的实质,并生产出一种新的能以人类智能相似的方式做出反应的智能机器,该领域主要研究自然语言处理、计算机视觉、语音识别、专家系统以及交叉领域等五个方向。人工智能是一门边缘学科,属于自然科学和社会科学的交叉,涉及哲学、认知科学、数学、神经生理学、心理学、计算机科学、信息论、控制论和不定性论等自然科学和社会科学的很多学科,其范围已远远超出了计算机科学的范畴。人工智能诞生以来,随着理论与技术的发展,其实际应用领域也在不断扩展,包括智能控制、语言和图像理解、专家系统、遗传编程、机器人学、机器视觉、人脸识别、虹膜识别、指纹识别、视网膜识别、掌纹识别、自动规划、智能搜索、定理证明、博弈、自动程序设计等领域。

人工智能可以分为弱人工智能、通用人工智能和强人工智能三个类型。弱人工智能主要用于基础的、特定场景下角色型的任务,比如华为的语音助手"小艺"、商场导航机器人等,如图2-43所示;通用人工智能主要指人类水平的任务,涉及机器的持续学习,比如具有自我学习能力的AlphaGo机器人;强人工智能是指比人类更聪明的机器,比如电影《终结者》中的未来机器人T800。

图2-43 商场导航机器人

2)人工智能的发展

人工智能的发展历程如图2-44所示。

1956年夏季,以麦卡赛、明斯基、罗切斯特和申农等为首的一批有远见卓识的年轻科学家在一起聚会,共同研究和探讨用机器模拟智能的一系列有关问题,并首次提出了"人工智能"这一术语,它标志着"人工智能"这门新兴学科的正式诞生。

从 1956 年正式提出人工智能学科算起，60 多年来，人工智能取得长足的发展，成为一门广泛的交叉和前沿科学。

20 世纪 60 年代是人工智能发展的黄金时期，新的编程语言、机器人的研究以及描绘人工智能电影的出现极大地突出了人工智能的重要性。

20 世纪 70 年代的人工智能面临着诸多挑战，例如政府对人工智能研究的支持减少。

20 世纪 80 年代后期人工智能不可避免地进入了"第二个冬季"，这是一个资金减少和人工智能兴趣减少的时期。

20 世纪 90 年代到 21 世纪的第一个 10 年人工智能处于平稳期。

从 2010 年开始，随着深度网络学习的发展和 AlphaGo 在围棋赛中击败人类等标志性事件，人工智能进入加速发展时期并开始融入我们的日常生活中，大家使用具有语音助理的智能手机和具有"智能"功能的计算机都习以为常了，人工智能也不再是一个触不可及的白日梦了。

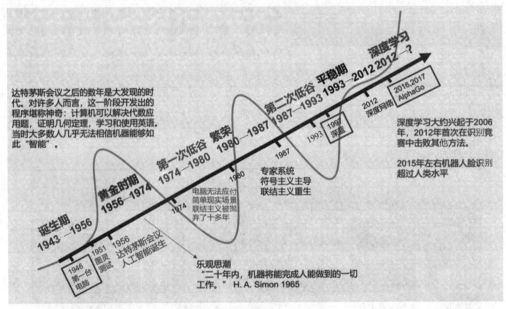

图 2-44 人工智能发展历程

2. 人工智能关键技术

1）自然语言处理

理解人类语言一直是人工智能研究者的目标。这一领域被称为自然语言处理（Natural Language Processing，NLP），包括语音识别、文本分析、翻译、生成的应用程序及其他与语言有关的目标。自然语言处理是一门融语言学、计算机科学、数学于一体的科学。自然语言处理并不是一般地研究自然语言，而在于研制能有效地实现自然语言通信的计算机系统，特别是其中的软件系统，是计算机科学、人工智能、语言学关注计算机和人类（自然）语言之间的相互作用的领域。自然语言处理的目的是实现人与计算机之间用自然语言进行有效通信的各种理论和方法。

自然语言处理的一个主要应用方面就是外文翻译，如图 2-45 所示的百度在线翻译。机器翻译的困惑在于翻译结果常常不符合语言逻辑，需要对句子再次进行加工和排序，而由于字词的多意性，面对专业领域的翻译，如电子、计算机、医疗等领域，机器翻译更是难以胜任。面对这一困境，自然语言处理通过海量的数据，让机器从零开始深度学习，从而能够在高度垂直的领域保证语义的正确性和流畅度。

图 2-45　百度在线翻译

自然语言处理的另一个应用是虚拟个人助理，通过声音、文字输入等方式，来完成工作和生活中的事务，甚至可以搜集信息并帮助优化信息、智能决策。典型的应用是智能家居、智能客服等，如图 2-46 所示，小米音箱能够控制小米生态圈的智能家居产品以及众多其他服务，如音乐、天气、新闻等。

图 2-46　小米智能音箱

2）计算机视觉

计算机视觉是一门研究如何使机器"看"的科学，是指用图像传感器和电脑代替人眼和大脑对目标进行识别、跟踪和测量等机器视觉，并用电脑进一步做图形处理成为更适合人眼观察或传送给仪器检测的图像。计算机视觉是一个跨领域的交叉学科，包括计算机科学（图形、算法、理论、系统、体系结构）、数学（信息检索、机器学习）、工程学（机器人、语音、自然语言处理、图像处理）、物理学（光学）、生物学（神经科学）和心理学（认知科学）等。

计算机视觉涉及的主要技术有：

(1) 图像分类，给定一组标定为单一类别的图像，对新的一组测试图像进行预测并测量预测结果的准确性；

(2) 对象检测，识别图像中的特定对象，涉及为各个对象输出边界框和标签，对多个对象进行分类和定位；

(3) 目标跟踪，指在特定场景跟踪一个和多个特定的对象，为了实现跟踪需要使用深度学习从所有帧的候选对象中识别对象；

(4) 语义分割，将图像分为一个个像素组进行标记和分类，然后在语义上理解每个像素组的角色，如识别出汽车、街道、行人和树木等；

(5) 实例分割，将不同类型的实例进行分类，不仅要识别单个实例的图像，还要在多个重叠对象和不同背景的复杂景象中进行分类，确定对象边界、差异和彼此的关系，如图 2-47 所示。

图 2-47　计算机视觉的实例分割

3）语音识别

语音识别技术，也被称为自动语音识别（Automatic Speech Recognition，ASR），目的是将人类语音中的词汇内容转换为计算机可读的输入，例如按键、二进制编码或者字符序列。与说话人识别及说话人确认不同，后者尝试识别或确认发出语音的说话人而非其中所包含的词汇内容。语音识别技术所涉及的领域包括信号处理、模式识别、概率论和信息论、发声机理和听觉机理、人工智能等。

与机器进行语音交流，让机器明白你说什么，这是人们长期以来梦寐以求的事情，如今人工智能将这一理想变为现实，并带它走入了我们日常的生活。例如依靠人工智能技术和大数据，医院可以实现智能语音交互的知识问答和病历查询，语音录入能取代打字，通过说话的方式，就可轻松与电脑、平板电脑、移动查房设备进行交互，如图 2-48 所示。随着移动互联网、智能家居、汽车、医疗和教育等领域的应用带动智能语音产业规模持续快速增长，2018 年全球智能语音市场规模将达到 141.1 亿美元。在全球智能语音市场占比情况中，各巨头市场占有率由大到小依次为：Nuance、谷歌、苹果、微软和科大讯飞等。

图 2-48　语音识别功能鼠标

4）专家系统

专家系统（Expert System，ES）是人工智能中最重要的也是最活跃的一个应用领域，它是一个智能计算机程序系统，其内部含有大量的某个领域专家水平的知识与经验，能够利用人类专家的知识和解决问题的方法来处理该领域问题，其原理如图 2-49 所示。也就是说，专家系统是一个具有大量的专家知识与经验的程序系统，它应用人工智能技术和计算机技术，根据某领域一个或多个专家提供的知识和经验，进行推理和判断，模拟人类专家的决策过程，以便解决那些需要人类专家处理的复杂问题，简而言之，专家系统是一种模拟人类专家解决领域问题的计算机程序系统，是"知识库"与"推理机"的结合。

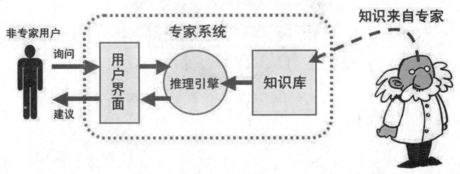

图 2-49　专家系统原理

随着智能手机的普及，现在越来越多的人已经习惯用手机看天气预报，而在天气预报中，专家系统的地位也是决定性的。专家系统可以首先通过手机的 GPS 系统定位到用户所处的位置，再利用算法，对覆盖全国的雷达图进行数据分析并预报。同样，在智慧城市交通系统中专家系统通过对地图数据、摄像头数据进行智能分析，从而智能地调节红绿灯或者推荐优化行车路线，从而改善交通拥堵状况。

5）机器学习

机器学习（Machine Learning，ML）是一门涉及统计学、神经网络、优化理论、系统辨识、逼近理论、计算机科学、脑科学等诸多领域的交叉学科，专门研究计算机怎样模拟或实现人类的学习行为，以获取新的知识或技能，重新组织已有的知识结构使之不断改善自身的性能，这是人工智能技术的核心。

目前流行的深度学习与机器学习又有什么关系呢？人工智能与机器学习、深度学习之间的关系如图2-50所示。从图中可以看到，深度学习是机器学习的一个子集。主要区别体现在以下几个方面：

（1）数据依赖。机器学习能够适应各种数据量，特别是数量较小的场景，但深度学习在数据量大的情况下效果更好。

（2）硬件依赖。深度学习算法高度依赖硬件性能，因为需要执行大量的矩阵乘法运算。

（3）特征工程。将特定领域知识放入指定特征的过程，目的是减少数据复杂性水平并生成可用于学习算法的模式。

（4）解决问题方法。机器学习算法遵循标准程序解决问题，先将问题拆分后再分别解决，然后将结果合并，深度学习则以集中方式解决，无须拆分问题。

（5）执行时间。深度学习需要大量的训练时间，而机器学习训练时间相对较短。

（6）可解释性。可解释性是机器学习与深度学习的主要区别，深度学习算法通常不具备可解释性。

图2-50　人工智能与机器学习、深度学习之间的关系

3. 人工智能应用案例

1）人工智能与安防

你是否听过这样一个案例？2019年7月9日中央电视台《今日说法》栏目播出的《逃犯现身》节目中，阳朔县公安局运用人工智能+大数据平台，利用监控的人脸识别功能抓获了25年前的逃犯，如图2-51所示。中国的"天网系统"可以自动将监控视频中的人脸和数据库中的在逃犯罪嫌疑人进行比对，并在发现犯罪嫌疑人后自动报警，自动调用区域内的所有摄像头跟踪在逃犯罪嫌疑人的动向，并通知附近的警察犯罪嫌疑人的具体方位，引导警察进行抓捕。天网系统通过前端监控网络（静态、动态）与后端人工智能分析平台，前后端联动，建立了一套集监控、采集、识别、比对、预警和分析于一体的智能识别综合平台。

今日说法 | 颤抖吧，逃犯们！在逃25年的嫌疑人被人脸识别认出，科技发展到这个程度，无处可逃，快自首！

2019-07-11 08:58 (来源：阳朔县融媒体中心)

7月9日中午12时38分，中央电视台1套综合频道《今日说法》栏目以《逃犯现身》为题，报道了阳朔县公安局2019年运用大数据智慧警务平台侦破的"25年前'吕发成'脱逃案"。

图 2-51 人工智能在安防中的应用

2）人工智能与医疗

如果每天有上百张胸部 CT 影像放在一个医生面前，他需要多长时间看完，判断出其中是否有隐藏的病灶，判断良性还是恶性肿瘤，并撰写出诊断报告？如果日复一日、年复一年地做同样的事情呢？这时大家可能会想是否有机器人来做这个事情？人工智能在医疗中的应用让理想变为了现实。

传统医院中医生诊断医学影像速度缓慢，由于医学影像人才需求大导致人才短缺，并且人工工作繁重也会导致漏诊误诊的发生。人工智能可以对 X 线、CT、核磁共振等影像进行分割、特征提取、定量和对比分析，完成病灶自动识别与标注，发现肉眼无法发现的病灶，降低诊断结果的假阴性概率。人工智能医学影像系统可以在几秒内处理数十万张影像，提高诊断效率，如图 2-52 所示。

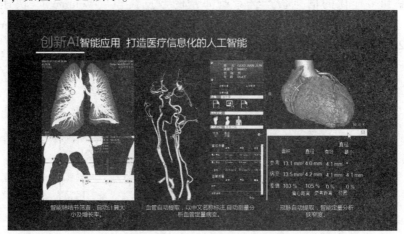

图 2-52 人工智能医学影像诊断

此外，人工智能技术还可在疾病诊疗中应用，帮助医生进行病理统计，通过大数据和深度挖掘等技术，对病人的医疗数据进行分析和挖掘，自动识别病人的临床变量和指标。另外机器人在医疗领域的应用非常广泛，比如智能假肢、外骨骼和辅助设备等技术修复人类受损身体，还有外科手术机器人、康复机器人、护理机器人和服务机器人等，如图2-53所示。

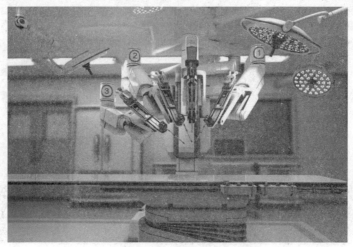

图2-53 医疗机器人

2.3.2 大数据

大数据是最近几年炙手可热的词，可你知道大数据的实际使用比我们想象的要早吗？早在2008年谷歌就推出了一款预测流感的产品"Google 流感趋势"（Google Flu Trends，GFT），通过分析人们使用搜索引擎搜索某些流感相关的关键字来预测流感的疫情，其预测结果与实际疫情高度一致。而现实生活中，大数据的应用比比皆是。

1. 大数据的概念

大数据（Big Data）是指无法在一定时间范围内用常规软件工具进行捕捉、管理和处理的数据集合，是需要新处理模式才能具有更强的决策力、洞察发现力和流程优化能力的海量、高增长率和多样化的信息资产，具有海量的数据规模（Volume）、快速的数据流转（Velocity）、多样的数据类型（Variety）、价值密度低（Value）和真实性（Veracity）等5V特征，如图2-54所示。

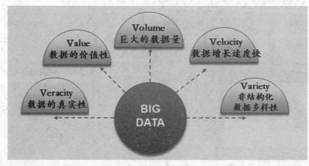

图2-54 大数据的5V特征

大数据技术的意义不仅仅是掌握庞大的数据信息，而是对看似无关却隐含意义的数据进行专业化处理，从而找出背后的逻辑关系并得出有用的结论。如果把大数据比作一个产业，数据相当于原材料，对数据的处理相当于对原材料进行深加工，其真正的附加值来源于对数据的加工能力。大数据的关键技术包括大数据采集、大数据预处理、大数据存储与管理、大数据分析与挖掘等。

2. 大数据关键技术

1）大数据采集

数据采集（DAQ），又称为数据获取，传统上是指从传感器和其他待测设备等模拟和数字被测单元中自动采集信息的过程，大数据时代的含义已扩展到任意获取数据方式，比如网络中的数据，搜索引擎中的搜索数据，监控中的图像数据等。

大数据的来源主要是商业数据、互联网数据和传感器数据。传统的数据采集来源单一、结构单一，并且数据量较小，存储主要采用关系型数据库和并行数据库；而大数据的采集数据来源广泛，数据量大，数据类型有结构化数据、半结构化数据和非结构化数据，存储采用分布式数据库。

针对大数据的采集方法主要有三种：

（1）数据库采集。传统企业通常采用关系型数据库 SQLserver、MySQL 或 Oracle 等存储数据，常用工具 Sqoop 和 ETL 进行传统数据库间的数据传递，另外开源工具 Kettle 和 Talend 也有大数据集成功能，可实现数据库之间的数据同步和集成。

（2）网络数据采集。网络数据采集主要用网络爬虫或网站公开的 API 接口等方式进行，将网络中的非结构化、半结构化的数据从网页中提取出来，以结构化的方式存储为本地数据文件。

（3）文件采集。文件的采集，一般采用日志收集系统（Flume）进行实时的文件采集和处理，如果仅做日志的采集和分析，日志分析系统（ELK）解决方案也可以。

2）大数据预处理

现实中我们采集到的数据大多是不完整的、不一致的，称之为"脏数据"，无法进行数据挖掘。为了提高数据挖掘的质量，产生了数据预处理技术。数据的预处理是指对所收集数据进行分类或分组前所做的审核、筛选、排序等必要的处理，从而提高数据挖掘质量，降低挖掘时间。

（1）数据清理。去掉含有噪声的数据和无关数据，包含遗漏值处理、噪声数据处理、不一致数据处理，噪声和离群点处理如图 2 – 55 所示。常用的清理工具是 ETL（Extraction Transformation Loading）。

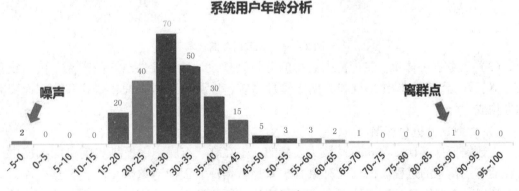

图 2 – 55 大数据清理

（2）数据集成。数据集成是指将多个数据源的中数据合并存放到一个一致的数据存储库中，主要解决模式匹配、数据冗余、数据值冲突检测与处理等问题。

（3）数据变换。数据变换是指处理抽取的数据中存在不一致的过程，包含两类，一是数据名称与格式的统一，即数据粒度转换、商务规则计算、统一命名数据格式、计量单位；二是数据仓库中存在源数据库中可能不存在的数据，需要对字段进行组合、分割和计算。

（4）数据规约。数据规约是指在保持数据原貌的基础下，最大限度精简数据量，包括：数据方聚集、维规约、数据压缩、数值规约和概念分层等。

3）大数据存储与管理

大数据的特征就是数据量大，计算量单位为 PB，甚至 EB 或 ZB，存储规模非常大。由于大数据来源于搜索引擎、社交网络、在线服务、公共机构等，数据形态各异，需要建立相应的数据库来存储，且便于管理和调用。大数据存储技术主要有三种：

（1）大规模并行处理架构的新型数据库集群。采用大规模并行架构的新型数据库集群，重点面向行业大数据，通过列存储、粗粒度索引等技术，结合高效的分布式计算模式，应用于对分析类应用的支撑。

（2）基于 Hadoop 的技术扩展和封装。围绕 Hadoop 衍生出来的技术，应用传统关系型数据库较难处理的数据和场景，充分利用 Hadoop 开源优势，应用于对互联网大数据存储和分析的支撑，如图 2-56 所示。

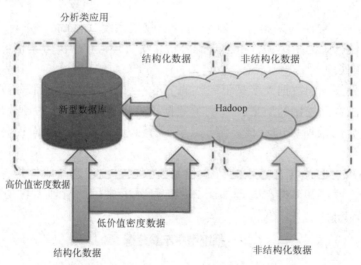

图 2-56 大数据存储技术

（3）大数据一体机。专门为大数据的分析处理设计的软硬件结合的产品，由一组集成服务器、存储设备、操作系统和数据库管理系统，以及为数据查询、处理和分析而安装的软件构成。

4）大数据分析与挖掘

大数据挖掘（Data Mining）是从大量的、不完整、有噪声、模糊和随机的数据中提取潜在的有用信息的过程。挖掘的对象有关系型数据库、面向对象数据库、数据仓库、文本数据源以及互联网等。数据挖掘主要从可视化分析、数据挖掘算法、预测性分析、语义引擎和数据质量管理等五个方面研究。

(1) 可视化分析。分析大数据时最基本的要求就是对数据进行可视化分析，借助图形化手段将分散、结构不统一的数据进行关联分析，通过完整的分析图表直观地呈现出来，如图 2-57 所示。

图 2-57　大数据可视化分析

(2) 数据挖掘算法。大数据分析的理论核心就是数据挖掘算法，它是根据数据创建数据挖掘模型的一组试探法和计算，通过分析用户提供的数据，针对特定类型的模式和趋势进行查找，使用分析结果定义用于创建挖掘模型的最佳参数，将参数应用于整个数据集，从而提取可行模式和详细统计信息。

(3) 预测性分析。大数据分析最重要的应用领域之一就是预测性分析。预测性分析结合了统计分析、预测建模、文本分析、机器学习、数据挖掘、实体分析等多种高级分析功能。通过挖掘数据的特点，使行动方案从靠猜测进行决策到依靠预测进行决策。预测性分析在体育赛事预测、股票市场预测、市场物价预测、疾病疫情预测、交通行为预测等方面均有应用。

(4) 语义引擎。语义引擎是把已有的数据加上语义，可以将大家从烦琐的搜索条目中解放出来，让用户更快、更准确、更全面地获得所需信息，提高体验。

(5) 数据质量管理。数据质量管理是指对数据从计划、获取、共享、维护、应用、消亡生命周期的每个阶段里可能引发的数据质量问题进行识别、度量、监控和预警等管理。

3. 大数据应用案例

1) 大数据与平安城市

2018 年《大国重器》第二季第六集"赢在互联"中播出了一个寻找走失老人的案例，把基于大数据的集中共享智慧云计算和精准人脸识别等新技术用于天网系统中，成为平安城市的重要组成部分，为中国的社会治理提供无限可能。案例中，通过走失老人的身份信息得到其人脸图像，将人脸图像录入天网系统的大数据库中，对全市上万个天网系统监控摄像机在 4 小时内所拍摄的图像进行大数据检索。新一代的人脸识别智能系统在每秒上万帧图像和数千万次的运算中进行人脸比对，仅仅5秒钟智能系统就比对出走失老人的图像，并通过串联所有比对中摄像机的位置形成一条路径，社区民警根据系统提供路径在25分钟内就找回了走失老人。

我国的精准人脸识别算法和应用技术领先于欧美国家，同时也是第一个将该系统应用于民用搜救的国家。同样，大数据系统也运用于治安管理、犯罪防控和犯罪追逃中，如图2-58所示，通过遍布城市街道、机场车站、市民广场、医院、商场超市、居住小区等公共场所的天网监控系统时时刻刻的精准人脸识别，让犯罪分子无处遁形。

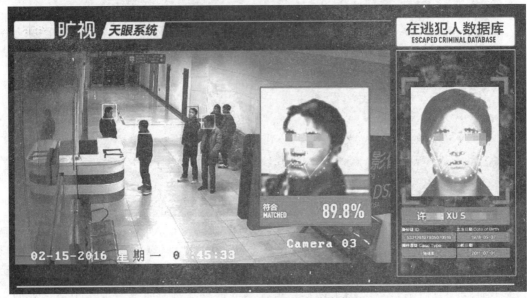

图2-58 大数据在逃犯追逃的应用

2) 大数据与智慧交通

据统计每年塞车导致的燃料浪费和商贸活动营运成本增加的损失高达千亿元人民币。结合人工智能与大数据，引入智能交通信号灯管理系统和城市交通全局调度系统，解决城市拥堵问题，如图2-59所示。

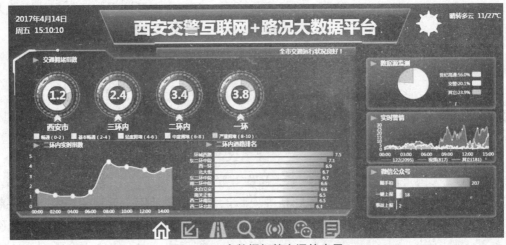

图2-59 大数据智慧交通的应用

系统利用城市交通监控系统内的计算机视觉芯片进行边缘计算，获得交通流数据，如车辆数量、车辆速度计算出车辆拥堵情况，城市交通管理系统对数据进行分析，优化设置路口红绿灯的配时，提高道路交通效率。同时，根据沉淀下来的各个时段、天气下车流的大数据，通过人工智能预测未来各个时段和天气下可能出现的车流，智能决策城市交通路口红绿灯的最优配时规划，提高通行效率。

2.3.3 云计算

2020年新冠疫情暴发，全国学生都在家通过云平台+在线视频的方式进行学习，等到疫情解封时，大家能够以最快的速度恢复教学秩序，云计算在线教育的应用功不可没，同时也极大地促进了在线会议、在线培训等一大批相关的云计算新应用模式的落地，如图2-60所示。

图2-60 云计算在线教育应用

1. 云计算的概念

1) 云计算的定义

云计算（Cloud Computing）是一种计算资源交付模型，其中集成了各种服务器、应用程序、数据和其他资源，并通过互联网以服务的形式提供这些资源，并且通常对资源进行虚拟化。

狭义上讲，云计算就是一种提供资源的网络，使用者可以随时获取"云"上的资源，"云"就像自来水厂一样按需求量使用和付费。广义上讲，云计算是与信息技术、软件、互联网相关的一种服务，这种计算资源共享池叫做"云"，云计算把许多计算资源集合起来，通过软件实现自动化管理，也就是说，计算能力作为一种商品，可以在互联网上流通。

总之，云计算不是一种全新的技术，而是一种全新技术在网络上应用的模式，其核心就是以互联网为中心，在网站上提供快速且安全的云计算服务与数据存储，让每一个使用互联网的用户都可以使用网络上庞大的计算资源与数据中心。对于普通用户来说，可能正在使用云计算却没有意识到，比如在线服务发送邮件、编辑文档、看电影或电视、听音乐、玩游戏或文件存储都可能是云计算在幕后提供支持。

2）云计算的历史

从 20 世纪 60 年代末到 90 年代末是云计算的基础技术积累阶段，发展了虚拟化、网格、分布式并行技术等。20 世纪初是云计算的出现阶段，出现了 IaaS 和 SaaS 等应用。2006 年到 2009 年，随着云计算三种形式的出现以及 IT、电信和互联网公司大力推广云服务，云计算基本形成。2009 年到 2015 年是云计算的发展阶段，功能逐渐完善，传统企业也纷纷拥抱云计算。从 2015 年至今，云计算形成了主流标准和平台，格局趋于稳定。云计算的发展史如图 2-61 所示。

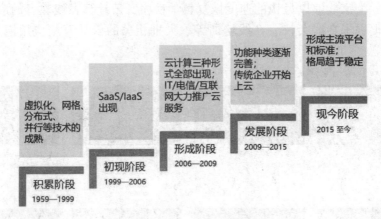

图 2-61 云计算的发展史

3）云计算的类型

没有一种云计算能适应所有人，不同的客户需求有所不同。一般来讲，部署云计算平台有三种不同的方法：公有云、私有云和混合云。

（1）公有云。公有云为第三方云厂商所拥有和运营，通过互联网提供计算资源，如服务器和存储空间。公有云所有的硬件、软件和其他支持性基础结构均为云厂商提供和管理，客户使用 Web 浏览器访问这些服务和管理账户。比较知名的公有云公司有 AWS、微软、谷歌、阿里云、IBM、腾讯云、华为云等。

（2）私有云。私有云是指专供一个企业或组织使用的云计算资源，私有云可以实际位于公司的现场数据中心，或者向第三方服务提供商付费托管其私有云，私有云在专用网络上维护服务和基础结构。比较知名的私有云公司有华为私有云、新华三（紫光云）、浪潮云、VMware、阿里私有云、腾讯私有云、深信服等。

（3）混合云。混合云是公有云和私有云的结合，通过允许在这二者之间共享数据和应用程序的技术将它们绑定到一起。混合云允许数据和应用程序在私有云和公有云之间移动，能够更灵活地处理业务并提供更多部署选项，有助于优化现有基础结构、安全性和符合性。比较知名的混合云公司有天翼云、移动云、浪潮云、网易云等。

公有云、私有云和混合云的特点如图 2-62 所示。

图 2-62 公有云、私有云与混合云的特点

4）云服务的类型

大多数云计算服务都可以归为四大类：基础结构即服务、平台即服务、软件即服务和无服务器计算。

（1）基础结构即服务（Infrastructure as a service，IaaS）

基础结构即服务是云计算的最基本类别，使用 IaaS 时，以即用即付的方式从服务提供商处租用 IT 基础结构，如服务器和虚拟机（VM）、存储空间、网络和操作系统。

（2）平台即服务（Platform as a service，PaaS）

平台即服务是指云计算服务按需提供开发、测试、交付和管理软件应用程序所需的环境，让开发人员更轻松地快速创建 Web 或移动应用，而无须考虑对开发所必需的服务器、存储空间、网络和数据库基础结构进行设置或管理。

（3）软件即服务（Software as a service，SaaS）

软件即服务是通过 Internet 交付软件应用程序的方法，通常以订阅为基础按需提供。使用 SaaS 时，云提供商托管并管理软件应用程序和基础结构，并负责软件升级和安全修补等维护工作，用户通过 Internet 连接到应用程序。

（4）无服务器计算（Serverless）

无服务器计算使用与平台即服务重叠，侧重于构建应用功能，无须花费时间继续管理要求管理的服务器和基础结构。云厂商提供处理设置、容量规划和服务器管理等服务，体系结构具有高度可缩放和事件驱动特点，且仅在出现特定函数或时间时才使用资源。

基础结构即服务、平台即服务、软件即服务与传统平台之间的关系和区别如图 2-63 所示。

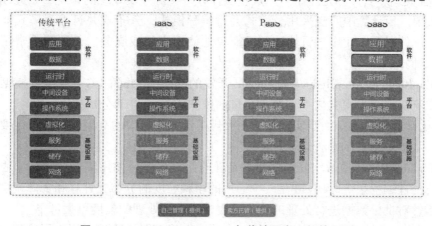

图 2-63 IaaS、PaaS、SaaS 与传统平台之间的区别

2. 云计算关键技术

云计算是一种以数据和处理能力为中心的密集型计算模式，它融合了多项 ICT 技术，其中以虚拟化技术、分布式数据存储技术、编程模型、大规模数据管理技术、分布式资源管理、信息安全、云计算平台管理技术、绿色节能技术最为关键。

1）虚拟化技术

虚拟化是指计算元件在虚拟的基础上而不是真实的基础上运行。虚拟化技术可以扩大硬件的容量，简化软件的重新配置过程。虚拟化是云计算最重要的核心技术之一，为云计算服务提供基础架构层面的支撑，是 ICT 服务快速走向云计算的最主要驱动力。

从技术上看，虚拟化是一种在软件中仿真计算机硬件，以虚拟资源为用户提供服务的计算形式，目的是合理调配计算机资源，使其更高效地提供服务。它打破应用系统各硬件间的物理划分，从而实现架构的动态化，实现物理资源的集中管理和使用。

从表现形式上看，虚拟化又分两种应用模式：一是将一台性能强大的服务器虚拟成多个独立的小服务器，服务不同的用户；二是将多个服务器虚拟成一个强大的服务器，完成特定的功能。两种模式的核心都是统一管理，动态分配资源，提高资源利用率。

2）分布式数据存储技术

云计算的优势就是能够快速、高效地处理海量数据，在数据爆炸的今天，这一点至关重要。分布式存储与传统的网络存储并不完全一样，传统的网络存储系统采用集中的存储服务器存放所有数据，存储服务器成为系统性能的瓶颈，不能满足大规模存储应用的需要。分布式网络存储系统采用可扩展的系统结构，利用多台存储服务器分担存储负荷，利用位置服务器定位存储信息，提高了系统的可靠性、可用性和存取效率，并易于扩展。

在云计算领域，Google 的非开源系统 GFS（Google File System）和 Hadoop 的开源系统 HDFS（Hadoop Distributed File System）是比较流行的两种云计算分布式存储系统。GFS 技术为满足大量用户的需求，并行地为大量用户提供服务，使得云计算的数据存储技术具有高吞吐率和高传输率。HDFS 技术的发展集中在超大规模的数据存储、数据加密和安全性保证，以及继续提高 I/O 速率等方面，部分 ICT 厂商，如 Yahoo、Intel 的"云"计划采用的都是 HDFS 的数据存储技术。

3）编程模式。云计算是一个多用户、多任务、支持并发处理的系统，因此编程模式的选择至关重要。云计算中广泛采用分布式并行编程模式，分布式并行编程模式能够更高效地利用软、硬件资源，让用户更快速、更简单地使用应用或服务。云计算中常用的并行编程模型有三种：

（1）MapReduce。MapReduce 是 Google 开发的 java、Python、C++编程模型，也是当前云计算主流并行编程模式之一。MapReduce 模式将任务自动分成多个子任务，通过映射（Map）和化简（Reduce）两步实现任务在大规模计算节点中的高度与分配。主要用于大规模数据集（大于 1TB）的并行运算。

（2）Dryad。Dryad 是微软公司设计并实现的允许程序员使用集群或数据中心计算资源的数据并行处理编程系统。Dryad 是一个通用的粗颗粒度的分布式计算和资源调度引擎。粗颗粒度是指针对批量数据进行处理的这种应用模式，批处理的粒度可大可小。

（3）Pregel。Pregel 是 Google 提出的一个面向大规模图计算的通用编程模型。实际应用中网页链接关系、社交关系、地理位置图、科研论文中的引用关系等都涉及大型的图算法，Pregel 编程模型就是为这种大规模图进行高效计算而设计的。

4）大规模数据管理技术

云计算不仅要保证海量数据的存储和访问，还要能对海量数据进行特定的检索和分析，数据管理技术就是为了高效地管理大量的数据，是云计算不可或缺的核心技术之一。

目前云计算业界应用的大规模数据管理技术是 Google 的 BT（Big Table）数据管理技术和 Hadoop 团队开发的开源数据管理模块 HBase。

（1）BT 数据管理技术。BT 是一个大型的分布式数据库，与传统的关系数据库不同，它把所有数据都作为对象来处理，形成一个巨大的表格，用来分布存储大规模结构化数据，其设计目的是可靠地处理 PB 级别的数据，并且能够部署到上千台机器上。

（2）开源数据管理模块 HBase。HBase 是 Apache 的 Hadoop 项目的子项目，是一个高可靠性、高性能、分布式、面向列的、可伸缩的开源数据库，利用 HBase 技术可在廉价 PC Server 上搭建起大规模结构化存储集群。同时，HBase 不同于关系数据库，它是一个适合非结构化数据存储的数据库。

5）分布式资源管理

云计算主要采用分布式存储技术来存储海量的数据，因此需要引入分布式资源管理技术，以解决多节点并发中状态节点的同步，以及单个节点故障系统要保证其他节点的正常运行。

在云计算系统动辄几百台，多则上万台的服务器，同时还可能跨越多个地域，如何有效地管理如此众多的资源，保证正常提供服务，需要强大的分布式资源管理技术支撑。目前，全球云计算解决方案和服务提供商都在积极研究分布式资源管理技术，其中 Google 内部使用的 Borg 技术很受业内认可。

6）信息安全

云计算信息安全也不是新问题，传统互联网存在同样的问题，只是云计算中的信息安全问题更加突出。数据显示，32%已经使用云计算的组织和45%尚未使用云计算的组织的ICT 管理将云安全作为进一步部署云的最大障碍。

在云计算中，安全涉及网络安全、服务器安全、软件安全、系统安全等。目前，不管是软件还是硬件厂商都在积极研发云计算信息安全产品和解决方案，包括杀毒软件厂商、防火墙厂商、IDS/IPS 厂商等各个层面的安全供应商都已加入云安全领域。

7）云计算平台管理

云计算系统的平台管理技术目的是高效调配大量服务器资源，使其更好协同工作，其关键是方便地部署和开通新业务，快速发现并且恢复系统故障，通过自动化、智能化手段实现大规模系统可靠的运营。

如何有效地管理云计算规模庞大的资源、数量众多的服务器以及分布在不同地点和同时运行着的数百种应用，并保证整个系统提供不间断的服务是巨大的挑战，包括Google、IBM、微软、Oracle/Sun 等在内的许多厂商都推出了云计算平台管理方案，能够帮助企业实现基础架构整合、实现企业硬件资源和软件资源的统一管理、统一分配、统一部署、统一监控和统一备份，打破应用对资源的独占，让企业云计算平台价值得以充分发挥。

8）绿色节能技术

节能环保是全球整个时代的大趋势，以低成本、高效率著称的云计算中引入绿色节能技术是必然的，未来还会有越来越多的节能技术应用到云计算中。

据国际数据公司 IDC 的预测，从 2021 年到 2024 年，继续采用云计算可以防止排放超过 10 亿吨的二氧化碳。

3. 云计算应用案例

1）云计算与教育云

教育云是教育信息化发展的一个趋势，是未来教育信息化的基础架构，它将教育所需要的任何硬件资源虚拟化，向教育机构和学生、老师提供一个良好的教育平台。现在流行的慕课（massive open online courses，MOOC），也叫大型开放式网络课程，就是教育云的一种应用，图 2-64 所示就是中国大学 MOOC 平台。

图 2-64　中国大学 MOOC 平台

2012 年被称为"MOOC 年"，其爆发主要得益于云计算、大规模视频分发、游戏化和社交网络等四项关键技术的融合。国外慕课的三大优秀平台为 Coursera、edX 及 Udacity。国内的中国大学 MOOC、百度传课、网易云课堂、新浪公开课都是非常好的平台。慕课的意义在于一定程度上解决了城乡差异大、教育不均衡的问题，打破了区域限制、时空限制，使任何一个学习者能自由地获取自己想获得的知识。

2）云计算与医疗云

医疗云是指在云计算、多媒体、5G、大数据及物联网等新技术基础上，结合医疗技术，使用云计算来创建医疗健康服务云平台，实现了医疗资源的共享和医疗范围的扩大，具有数据安全、信息共享、动态扩展、布局全国的优势。由于运用与结合云计算技术，在预约挂号、电子病历、医保等方面提高了医疗机构的效率，如图 2-65 所示。

项目二　认识电子信息技术的应用

图 2-65　云医疗健康信息平台

除了云医疗健康信息平台外，还包括云医疗远程诊断及会诊系统、云医疗远程监护系统和云医疗教育系统等，如图 2-66 所示。

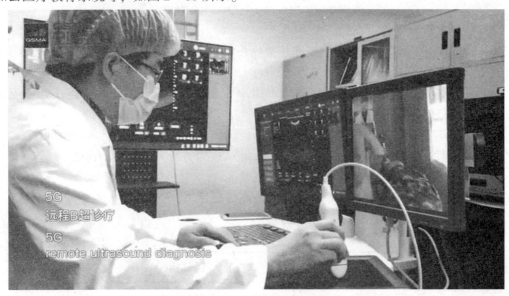

图 2-66　云医疗远程诊断

2.3.4　5G

大家应该对美国为首的西方国家对华为 5G 技术的打压不陌生了，中美在科技领域的斗争也从台下到台面，从单独到联合盟友，进入白热化阶段。那 5G 技术对于中国，对于美国，对于世界到底意味着什么呢？意味着我们在一些科技领域终于从追赶者变为了领先者，意味着中国的全面崛起。

1. 5G 概念

1) 5G 定义

第五代移动通信（5th Generation，5G）技术是最新一代蜂窝移动通信技术，也是继 4G（LTE-A、WiMax）、3G（UMTS、LTE）和 2G（GSM）系统之后的延伸，5G 的性能目标是高数据速率、减少延迟、节省能源、降低成本、提高系统容量和大规模设备连接，如图 2-67 所示。

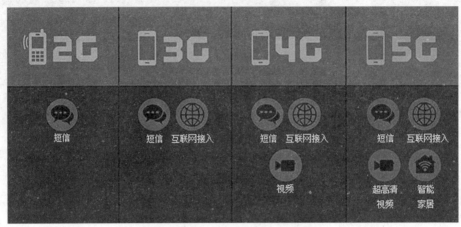

图 2-67　5G 与 2G、3G、4G 对比

2) 5G 技术指标

5G 技术指标包括用户体验速率、连接数密度、端到端时延、移动性、流量密度、用户峰值速率。

（1）用户体验速率是指真实网络环境下用户可获得的最低传输速率，连接数密度是指单位面积上支持的在线设备总和。

（2）端到端时延是指数据包从源节点开始传输到被目的节点正确接收的时间。

（3）移动性是指满足一定性能要求时，收发双方间的最大相对移动速度。

（4）流量密度是指单位面积区域内的总流量。

（5）用户峰值速率是指单用户可获得的最高传输速率。

5G 的各项标志性能力指标如表 2-1 所示。

表 2-1　5G 各场景关键指标

场景	关键指标
连续广域覆盖	100Mb/s 用户体验速率
热点高容量	用户体验速率：1Gb/s 峰值速率：>10Gb/s 流量密度：>10Tb/（s·km^2）
低功耗大连接	连接数密度：10^6/km^2 超低功耗，超低成本

续表

场景	关键指标
低时延高可靠	空口时延：1ms 端到端时延：ms 量级 可靠性：接近 100%

2. 5G 关键技术

5G 通信性能的提升需要多种技术相互配合共同实现，其关键技术有两大类：一是无线传输技术；二是网络技术。

1）无线传输技术

（1）大规模 MIMO 技术

MIMO（Multiple – Input Multiple – Output）是指多路输入多路输出，基站使用几十甚至上百根天线，波束窄，指向性传输，增益高，抗干扰，频谱效率提高，如图 2 – 68 所示。

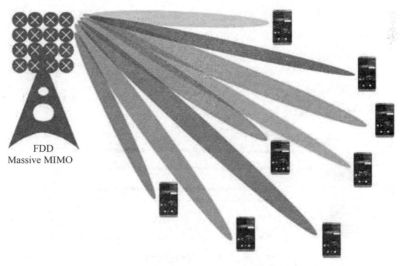

用户级精准波束赋型和多用户配对显著提升频谱效率

图 2 – 68　大规模 MIMO 系统

（2）非正交多址技术

4G 以正交频分多址接入技术（OFDMA）为基础，其数据业务传输速率达到每秒百兆比特甚至千兆比特，而 5G 的 NOMA、MUSA、PDMA、SCMA 等非正交多址技术，支持上行非调度传输，减少空口时延，进一步提升系统容量。

（3）全双工通信技术

双工技术是指终端与网络间上下行链路协同工作的模式，在 2G、3G 和 4G 网络中主要采用两种双工方式，即频分 FDD 和时分 TDD，但每个网络只能用一种双工模式，而 5G 能灵活智能地使用 FDD/TDD 双工方式，发挥各自优势，全面提升网络性能，如图 2 – 69 所示。

图 2-69　全双工通信技术原理

（4）新型调制技术

滤波器组正交频分复用，支持灵活的参数配置，根据需要配置不同的载波间隔，适应不同传输场景。

（5）新型编码技术

LDPC 编码和 polar 码，纠错性能高。

（6）高阶调制技术

1024QAM 调制，提升频谱效率。

2）网络技术

（1）网络切片技术

网络切片技术是指将一个物理网络切割成多个虚拟的端到端的网络，每个虚拟网络之间以及网络内的设备、接入、传输和核心网是逻辑独立的，任何一个虚拟网络发生故障都不会影响到其他虚拟网络。网络资源虚拟化，对不同用户不同业务打包提供资源，优化端到端服务体验，具备更好的安全隔离特性，如图 2-70 所示。

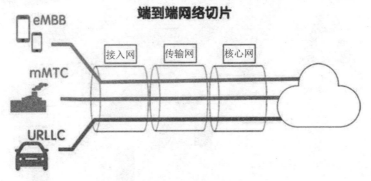

图 2-70　网络切片技术

（2）边缘计算技术

边缘计算是一种在数据源附近的网络边缘执行数据分析处理以优化云计算系统的方法，在网络边缘提供电信级的运算和存储资源，业务处理本地化，降低回传链路负荷，减小业务传输时延。边缘计算设备包括各类终端应用产品，如智能手机、智能家居、无人驾驶汽车、摄像头或各类型的传感器等。

（3）面向服务的网络体系架构

5G 的核心网采用面向服务的架构构建，资源粒度更小，更适合虚拟化。同时，基于服务的接口定义更加开放，易于融合更多的业务。

3）5G 应用场景

5G 定义了增强移动宽带、超高可靠低时延通信、海量机器通信等三大应用场景，如图 2-71 所示。

图 2-71　5G 三大应用场景

（1）eMBB 应用场景

eMBB（Enhanced Mobile Broadband）即增强型移动宽带，主要是应对高速率挑战而定义的，其峰值速率可达到 10~20Gb/s。

eMBB 应用场景是在现有移动宽带业务场景的基础上，为满足超高清视频、全息视频、浸入式游戏、下一代社交网络等移动互联网业务需求，无论在网络边缘、高速移动等恶劣环境还是局部热点地区都能为用户提供无缝的高速业务。增强型移动宽带的关键性能指标包括 100Mb/s 用户体验速率，对于部分热点场景可达 1Gb/s，甚至大于 10Gb/s 的峰值速率，大于 10Tb/（s·km²）的流量密度以及 500km/h 以上的移动速度等，涉及交互类操作的应用还对时延敏感。5G 全息视频应用如图 2-72 所示。

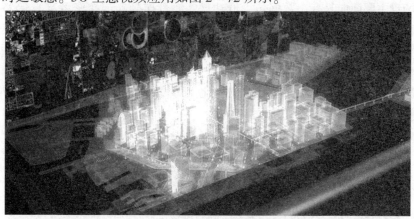

图 2-72　5G 全息视频

（2）uRLLC 应用场景

uRLLC（Ultra-reliable and Low Latency Communications）即超高可靠与低时延通信，主要是应对超高可靠低时延挑战而定义的，其需要时延可控制在 1ms 之内。

uRLLC 应用于对时延高度敏感类型的业务场景，同时要求高可靠性。常见应用包括自动或辅助驾驶、虚拟现实（Virtual Reality，VR）、增强现实（Augmented Reality，AR）、触觉互联网、工业控制、远程医疗或手术。如果网络时延较高，uRLLC 类业务的正常运行就会受到影响，并会出现控制方面的误差。自动驾驶、远程手术等实时监测要求毫秒级的时延，工业机器控制、设备加工制造等时延要求为十毫秒级，可用性要求接近 100%。5G 自动驾驶如图 2-73 所示。

图 2-73 5G 自动驾驶

（3）mMTC 应用场景

mMTC（Massive Machine-Type Communication）海量机器类通信，即大规模物联网，主要是应对设备超大连接数量挑战定义的，其指标可达到每平方公里 100 万连接数，支持上下行最大 1Mb/s 的峰值速率。

mMTC 场景主要面向具有小数据包、低功耗、海量连接（连接密度高）等特点的物流管理、智慧城市、旅游管理、环境监测、智慧农业、森林防火等以传感和数据采集为目标的应用场景。如智慧城市中的水电气抄表应用要求设备终端成本低、功耗低，并且网络能够支持海量连接的小数据包传输；智能家居业务对时延要求低，但终端可能需要适应高温、低温、震动、高速旋转等不同家具电器工作环境的变化。5G 智慧城市应用场景如图 2-74 所示。

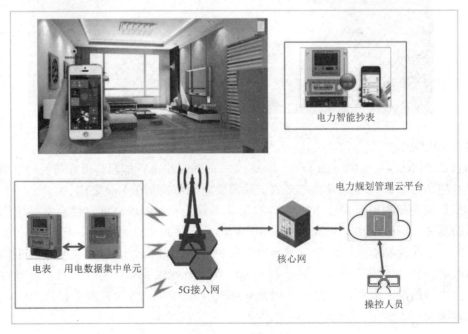

图 2-74 5G 智慧城市

除了前面所讲的人工智能、大数据、云计算、5G 技术等，新一代信息技术还有区块链技术、物联网技术、集成电路及专用设备、操作系统与工业软件等相关技术。其中很多技术领域我们已经位于世界领先地位，比如 5G 技术，但很多技术我们仍然处于被"卡脖子"的阶段，比如集成电路及专用设备技术。面对未来越来越复杂的竞争格局，作为电子信息类专业学生的我们需要不断学习和突破，早日实现中华民族的伟大复兴。

任务实施

调研活动：新一代电子信息技术的关键技术与应用。

1. 任务内容要求

选题：以书中未提及的其他新一代电子信息技术为调研对象，命题自拟。重点关注这些新一代电子信息技术所涉及的关键技术、行业应用以及未来的发展方向。

调研报告需包括以下关键点：

（1）新一代电子信息技术所涉及的关键技术；
（2）新一代电子信息技术行业应用情况；
（3）新一代电子信息技术未来的发展方向。

2. 任务提交资料

新一代电子信息技术的关键技术与应用调查报告。

3. 格式要求

PPT 形式，要求图文并茂，格式美观具有说服力。

4. 呈现形式

PPT 课堂路演。

任务评价

项目名称：新一代电子信息技术的关键技术与应用调研	项目承接人： 姓名：	日期：
项目要求	扣分标准	得分情况
主题选择（15 分） 以你了解的某新一代电子信息技术为对象，命题自拟，包括关键技术、行业应用、发展方向等。	所选主题不切题（扣 5 分） 所选主题内容表述不清楚（扣 5 分）	
关键要求一（25 分） 新一代电子信息技术关键技术	对新一代电子信息技术介绍不清楚（扣 5 分） 图文不当（扣 5 分） 资料引用过时（扣 5 分）	
关键要求二（25 分） 新一代电子信息技术的行业应用与发展方向	岗位分析不清楚（扣 10 分） PPT 软件操作不熟练（扣 5 分）	

续表

项目名称：新一代电子信息技术的关键技术与应用调研	项目承接人： 姓名：	日期：
项目要求	扣分标准	得分情况
关键要求三（15 分） 调研得出的结论：与本专业结合阐述	对调研结论没有总结分析（扣 10 分） 对调研结论分析不清楚（扣 5 分）	
整体内容的美感（20 分） PPT 的制作、演讲人的发挥	根据个人路演表现形式，酌情扣分	
评价人	评价说明	备注
个人		
老师		

项目三

创新创业与学业生涯规划

学习目标

【知识目标】
◆ 了解电子产品的生产与研发
◆ 认识创新电子产品设计与大学生创新创业的重要性
◆ 学会规划个人学业生涯与职业生涯

【能力目标】
◆ 学会创意电子产品开发设计
◆ 学会创新创业的方法与途径
◆ 学会撰写规划报告

【素质目标】
◆ 培养良好的社会主义职业道德观
◆ 树立良好的职业理想
◆ 培养独立思考与语言表达的习惯
◆ 培养积极沟通、达成团队合作的习惯

任务 3.1　认识电子产品的生产与研发

任务引入

我们手里的电子产品，小到智能手环、手机、大到电脑、电视机等，它们到底是如何生产制造出来的呢？是产品经理有一个想法，然后就让研究人员把它做出来，还是先进行市场调研，寻找人们关心的问题，再考虑设计一个电子产品去实现这些功能？而要把一个设计出来的产品，真正变成企业生产线上的产品，又要经过哪些环节呢？

任务目标

◆ 了解电子产品的生产与研发过程；
◆ 理解电子产品的生产过程；
◆ 初步学会创意电子产品设计。

任务描述

电子信息技术迅猛发展，改变着我们的社会和生活，电子产品已经深入我们生活中的方方面面。可能一些同学已经利用各种机会到企业从事过生产，一些同学也听自己的家人、朋友说起过电子企业的生产。每个人心中都有一个对电子企业的印象，也许我们亲历过，也许只是道听途说。无论怎样，对电子企业作一定的了解、对电子产品的生产与研发有一定的了解，是我们的专业必须去做的。

请同学们分小组进行充分调研，去了解一下电子企业，然后模拟某电子企业进校园招聘，进行一次企业招聘宣讲会。

知识准备 <<<<<<<<<<<<<<<<<<<<<<<<<<<<<<<<

3.1.1　电子产品的开发流程

电子信息技术代表着当今先进生产力的发展方向，信息技术的广泛应用使信息的重要生产要素和战略资源的作用得以发挥，使人们能更高效地进行资源优化配置，从而推动传统产业不断升级，提高社会劳动生产率和社会运行效率。

40 多年中，在微电子技术和数字技术的双轮推动下，电子信息设备一方面通过极其迅速的更新换代，使性能高速提高，体积能耗不断减小，另一方面以惊人的速度降低价格，为信息技术的广泛应用创造了良好的技术条件和经济可能性。

电子企业要保持企业的活力，必须不断地从事新产品的开发与研究。电子企业电子产品的开发流程包括产品立项、产品开发设计、生产与检测、销售与技术支持等几个主要过程。

1. 产品立项

（1）需求定位：通过各种方式，获取用户的需求信息，并定义产品需求，即解决我们将"做什么"的问题。

（2）法规、政策研究：发明的产品必须符合国家相关法律、法规规定的功能，并且安全、可靠。

（3）可行性分析：根据要实现的目标，逐步分析讨论，看是否有不可实现的地方，从而改变我们的设计思路，以方便后期试制和生产。

（4）成本和周期估算：产品设计的成本和设计周期必须要在可控范围之内。

（5）收益与风险评估：产品是否可以研发，需要看社会对于它的需求度，以及未来市场前景。这需要经过反复调研、多次讨论，才能确定产品的定位。

2. 产品开发设计

（1）器件选型：对一些关键工作元件和控制元件，必须要先选定型号，后续设计中的电路，将围绕先定的工作元件进行开展。

（2）控制电路设计：电路控制是一个电子产品的大脑，往往需要投入大量时间和精力来研发。只有控制电路初见雏形，才能进行下一步。这包括绘制电路框图、进行功能设计、绘制电路图、编写程序、进行功能仿真等过程。

（3）实物制作：即进行硬件设计，包括印制电路板（PCB）制作、软硬件联调等，在完成电路设计后，即可着手组建外围设备，进行外观设计等，制作出样品，并逐步改造完善。

3. 生产与检测

在产品试制并调试完善后，即可组织产品生产、检测与调试、品质检验、ISO认证等工作，正式将产品投放市场。

4. 销售与技术支持

产品投放市场后，需要提供产品销售、服务支持、产品维修等工作，完成整个产品的设计、生产、销售过程。

3.1.2 企业电子产品开发流程的制订

为了保证公司产品的设计与开发有计划、有控制地进行，确保开发规范，达到产品的预期要求，企业必须制订规范的产品开发流程，用于公司自主产品的开发设计。

1. 人员分工与职责

开发新产品，企业一般都有相应的产品研发部门负责，并且分工明确。

（1）产品经理：用户需要什么产品，企业就开发什么产品，产品经理将负责《产品需求规格说明书》。

（2）项目经理：组织立项产品的市场分析和需求管理工作；组织评审及审核评审结果；协调项目组内外各方协同合作关系。

（3）软件工程师：根据《产品需求规格说明书》进行软件系统整体架构的分析和设计，编写《软件方案设计说明书》，完成代码编写以及单元测试，参与代码互查。

（4）硬件工程师：根据《产品需求规格说明书》进行硬件整体架构设计，包括硬件平台的设计与关键器件选型，制作《硬件方案设计说明书》，完成原理图设计、PCB制作、BOM（物料清单）与软硬件交接文件等的编制。

（5）结构工程师：根据《产品需求规格说明书》进行产品外观与机械结构的设计。负责塑胶、五金等产品的相关模具、治具、夹具的设计、制造的评审。

（6）测试工程师：负责测试的策划，组织编写测试用例与《测试报告》，监督测试质量，执行测试计划，参加测试用例的评审，实施测试。

（7）采购工程师：负责物料采购，新物料的供应商开发、样品申请，产品打样以及交期跟踪。

2. 项目立项

项目立项必须撰写《项目立项报告》，在立项报告中，需要包含如下内容：应用背景、立项目的、产品预售价格、成本预算、竞争对手的产品对比、产品开发周期，以及项目成员组成等。

3. 开发流程

此过程主要包括以下活动：市场需求定位、嵌入式软件设计与开发、硬件设计与开发、结构设计与开发、样机联调、测试、验收等。

1）市场需求定位

通过调查与分析，获取用户需求并定义产品需求，包括：需求获取、需求分析、需求变更和需求跟踪。目的是在用户与项目组之间建立对产品的共同理解。

（1）需求获取：需求获取的目的是通过各种途径获取用户的需求信息，结合自身的开发环境输出《产品需求规格说明书》。

需求来源，即获取技术包括但不限于：

①行业标准；

②竞争对手的产品说明书、技术说明书、宣传手册等资料；

③用户访谈与用户调查，可由公司市场部产品组负责组织、实施，并反馈给研发部门。

（2）需求分析：在完成需求获取资料的分析与整理后，项目经理组织进行产品的需求分析工作。建立需求之间的关系，明确分配给产品的需求（包括嵌入式软件、硬件及结构）。

（3）需求变更：无论最初需求分析有多么明确，开发过程中依然根据可能的需求变化调整。

（4）需求跟踪：需求跟踪的目的是保证在产品开发过程中每个需求都被实现，且项目的其他工作产品与需求保持一致。

2）嵌入式软件设计与开发

该过程主要包括设计与开发两个活动。

设计是指设计软件系统的体系结构、数据结构、模块等，在需求和代码之间建立桥梁；开发是指软件工程师按照系统设计去编码开发，并进行单元测试、代码检查优化等。

（1）设计原则

①正确、完整地反映《产品需求规格说明书》的各项要求，充分考虑其功能、性能、安全保密、出错处理及其他需求。

②保证设计的易理解性、可追踪性、可测试性、接口的开放性和兼容性，考虑健壮性

（易修改、可扩充、可移植）、重用性。

③采用适合本项目的设计方法。若系统使用了新工具和新技术，需提前进行准备；考虑选用合适的编程语言和开发工具。

④吸取以往设计的经验教训，避免重复出现同样或类似的问题。

⑤对于重要的和复杂度较高的部分要求有相当经验的设计人员担任。

⑥考虑从成熟项目中进行复用。

（2）设计方法

软件工程师在充分了解产品需求的基础上，依据《产品需求规格说明书》选用适当的设计方法。

（3）软件设计过程

①编写《软件方案设计说明书》。《软件方案设计说明书》应包括以下内容：模块描述、功能、参数说明、性能、流程逻辑、算法等。《软件方案设计说明书》以及相关文档应进行技术评审。

②编码：进入编码阶段，要注意编码规范（软件人员确认）。

③单元测试：编码完成的系统各模块应经过单元测试。

④代码检查：最好安排其他软件人员进行。

3）硬件设计与开发

该过程包括硬件方案设计与开发两个活动。硬件方案设计是指对硬件整体架构的设计，包括硬件平台的设计与关键器件选型等，由硬件工程师完成；开发是指硬件工程师绘制原理图和 PCB 图，并进行 BOM、软硬件接口文件等的编制。

（1）方案设计原则

①正确、完整地实现《产品需求规格说明书》中各项功能需求的硬件开发平台，充分考虑项目要求、性能指标及其他需求。

②综合对比多种实现方案，选择适合本项目的设计方法。若系统使用了新技术，为了确认该新技术，可以采用搭建实验板方法或购买开发板进行技术预研。

③考虑从成熟产品中进行复用，吸取以往设计的经验教训，避免重复出现同样或类似的问题。

④对于重要的和复杂度较高的部分要参考其他同类产品的实现方法或要求有相当经验的设计人员担任。

⑤进行对外接口的设计，考虑运行的安全性、用户使用的方便性与合理性。

（2）硬件设计

硬件设计是指硬件工程师在充分了解产品需求的基础上，根据《产品需求规格说明书》中的相关要求，分析与设计出硬件电路的总体方案。

针对各电路模块的功能、各模块之间的关系以及可能使用的主要新器件的选型等编写《硬件方案设计说明书》。方案设计中如有外包物料的需求进行加工订制。《硬件方案设计说明书》以及相关文档应进行技术评审。

（3）电路原理图开发

电路原理图设计时，硬件工程师通过采用具体的元器件符号和电气连接方式，实现《硬件方案设计说明书》中各功能模块，以此来达到我们设计的目的。原理图设计应遵循以下原则：

①能正确、完整地实现《硬件方案设计说明书》中各功能模块要求；

②充分考虑到电路可靠性等方面设计要求；

③原理图中元器件封装必须正确，要与实际引脚一致；

④原理图中元器件名称、型号字符标示清楚，相互之间不能重叠；

⑤借鉴以往电路设计经验和采用电路原理图复用；

⑥电路原理图设计以及相关文档应进行技术评审。

（4）新物料采购申请

原理图设计完成后，硬件工程师要向采购提交新物料采购申请单，以便采购进行样机所用新物料的申请和准备活动。

新使用的物料可以让供应商提供，前期提供过的物料可以考虑适当购买。

（5）PCB 图开发

PCB 图开发是指硬件工程师将电路原理图转化为印制电路板图（PCB 图）的过程，PCB 图即具体用于导电连接、焊接元器件的电路板图形，它依据电路原理图和规定的电路板尺寸大小及器件封装绘制，反映电路原理图导电性能及器件连接状况。

PCB 图设计应遵循以下原则：

①PCB 图尺寸和 PCB 图上接插件尺寸满足结构设计及散热等其他方面的要求；

②PCB 图要求能够完全反映电路原理图的电气连接。

PCB 图及相关文档的评审由项目经理组织，一般情况下可由硬件工程师按个人复查的方式进行。

（6）PCB 加工

PCB 设计完成后，硬件工程师将评审通过的 PCB 图以及《PCB 外包技术要求》移交给采购工程师，选定厂家进行加工制作。

（7）PCB 焊接

PCB 裸板完成后，硬件工程师将前期准备好的打样物料汇总寄给指定的代工厂进行代工焊接，并及时记录焊接中出现的生产工艺问题，用于指导后期改版。

（8）样板测试

PCB 样板加工完成后应进行样板测试。硬件工程师对加工好的裸板进行电气连接及其他方面的测试。

①检查电路板尺寸与厚度是否与《PCB 外包技术要求》要求一致。

②检查电路板上丝印是否清晰。

③检查电路板上各电气连接是否存在短路现象，重点检查各电源与电源之间、电源与地之间的连接是否短路。

裸板测试合格后，硬件工程师视电路板的复杂程度可采用功能模块焊接测试法或整板焊接测试法进行焊接测试，该测试主要是测试电路板上不同电气回路之间是否存在短路现象。

功能模块焊接测试法：硬件工程师根据原理图中功能模块的划分，在焊接完某功能模块对应的元器件后即对该模块进行电气测试，在测试合格后再对其他功能模块进行焊接测试。

整板焊接测试法：直接焊接完整板元器件后再进行测试。

4）结构设计与开发

该过程是满足《产品需求规格说明书》中各项需求的产品外形、结构、包装等方面的设计活动。结构设计是建立整个产品的外形体系，主要包含产品的外观、外壳结构、产品的包装三个方面，其总的原则是运用合理的结构来体现产品的美观性、易操作性。

（1）产品的外观设计

在充分了解需求的基础上，根据《产品需求规格说明书》中各项要求，结构工程师初步设计多种外观方案提交给项目经理，由项目经理在项目组内外广泛征求意见，并充分考虑市场部门的意见与建议，最终将收集的意见反馈给结构工程师。

结构工程师统一整理所收集的意见，并根据大家的意见对外观效果图做适当的修改后提交项目经理，项目经理选择组内评审、书面轮查、个人复查中的一种评审方式进行评审。

（2）产品结构及包装设计

结构工程师根据《产品需求规格说明书》和外观效果图中各项需求，对产品进行大体的结构布局，建立初步的实现方案（包括所用材料和加工工艺）。根据 PCB 图设计外壳的零部件图纸，使所有的 PCB、端子、按键等能方便地固定。

初步估算产品的大概重量，依据估算结果和产品本身的外形尺寸，设计合理的包装和纸盒。项目经理选择书面轮查、个人复查中的一种评审方式进行评审。

①结构设计原则：符合《产品需求规格说明书》和外观效果图要求、满足 PCB 和端子接插件等的安装要求。

②包装设计原则：包装能通过规定的跌落试验。

③设计内容：结构图纸、包装和纸盒。

④输出：图纸及评审报告。

（3）结构打样

结构设计完成后，结构工程师将评审通过的图纸以及加工要求移交给采购工程师，选择厂家进行加工制作。

5）样机联调

软件、硬件部分在开发调试完成后，待打样的各部件回来后，即可进行样机联调。样机联调为系统集成的过程，由项目经理指定项目成员负责《样机联调计划》编写，包括联调的顺序、策略、环境以及人员和时间安排等，并经过项目组内评审。

联调过程中应注意以下几点：

①在联调之前需要对联调的接口进行检查（可通过评审的方式），确保能够顺利地集成。

②依照《产品需求规格说明书》对各功能模块进行详细测试，以证明其功能与性能满足设计要求。测试中发现的问题应及时记录与改进。

③对于有规约开发要求的，应在联调计划中包含出与上位机软件的集成计划。

④联调阶段，项目经理应安排《说明书》等用户文档的编写。

⑤样机联调结束后，应输出《联调测试报告》。项目经理应组织整机评审，评审通过才可以进入测试阶段，可以采用组内评审或书面轮查的方式。

⑥集成调试阶段修改完成的代码、原理图、PCB 图，结构图纸应进行存档管理。

6）测试

测试工程师负责组织测试活动。该过程的主要活动有准备测试、执行测试、缺陷管理。

(1) 准备测试

①编制测试计划：一般在需求评审完成之后，应输出《总体测试计划》，由测试工程师负责编制。《总体测试计划》需要定义以下内容：

  a. 实施测试活动的测试环境、测试工具、测试人员安排。

  b. 测试策略：策划产品将要经历的测试阶段，以及不同阶段的测试工作要求，如测试重点、进行的测试类型、测试结束标准和测试的参与人等。

  c. 测试用例编写规则，缺陷管理与分析的规则如与标准做法不同，应在总体计划中进行说明。

  d. 测试进度计划：实施测试活动、时间及人员安排。

  e. 测试工作汇报方式：汇报内容、频度和汇报人。其中在项目里程碑点时，测试工程师应提供测试工作阶段报告，可利用管理平台进行报告。《总体测试计划》需要由项目经理审核和部门负责人审批。

②编写测试用例

  a. 在项目进入设计阶段，测试工程师组织根据《产品需求规格说明书》编写测试用例，测试用例需要包括以下要素：测试描述、测试步骤、预期结果、实际结果。测试用例编制时可参考行业相关标准，也可直接讨论确认。

  b. 测试用例需要经过评审，由测试工程师组织，评审方式可以采用书面轮查或个人复查方式。

  c. 测试用例可以用管理平台进行管理。

③准备测试环境：

根据测试计划要求搭建测试软硬件环境，并尽量独立、稳定地模拟用户真实环境，记录下硬件的配置。

(2) 执行测试

在样机评审结束后，可进入测试阶段，依据《总体测试计划》进行。

测试目的是确保产品能够达到《产品需求规格说明书》规定的功能要求、性能要求等，确保产品在要求的硬件和软件平台上工作正常。

模拟用户真实的使用环境，验证所测试的产品是否满足需求，将测试结果记录在《测试报告》中，测试发现的问题纳入缺陷管理。

(3) 缺陷管理

①缺陷的提交：在OA的禅道（开源项目管理软件）中，将发现的缺陷均提交给项目指定人员（可以是项目经理或者具体开发人员）。

②缺陷填写内容：包括缺陷的描述、优先级、严重性、缺陷的状态、发现缺陷的阶段等信息。这些信息由提交缺陷的人负责填写。

③缺陷的原因分析与处理：指定开发人员接收到缺陷提交后，应作出相应回应。对于严重问题，必须立即修复且尚在修改过程中的，先将缺陷状态修改为"正在处理"对于缺陷已经确定，但是不在当前版本的解决，将缺陷状态改为"延后处理"；问题已经解决的，并经程序员自测和代码走查的，将缺陷状态改为"解决待关闭"；同时填写"缺陷原因分

析和解决方案",并通知测试人员(缺陷提交者)进行回归验证测试。

开发人员要明确缺陷的类型,主要是为了用于将来的缺陷统计分析。

④缺陷的验证与关闭:测试人员对"解决待关闭"的缺陷进行回归测试,验证通过后修改状态为"关闭",否则修改状态为"重新打开",并填写相应内容。

(4)测试完成

依据《总体测试计划》,达到测试结束标准时,即可结束测试,测试工程师输出《测试报告》,并对测试数据进行分析。

项目经理组织测试阶段的评审,一般为组内评审的方式。

测试通过后,需要进行试产的,依据实际情况进行试产前的准备。

4. 试产

产品小批量试产包括物料采购(包括PCB与结构模具的采购)、产品试产、产品测试、试用、问题反馈及修改维护。

需要试产的情况:全新开发的产品必须进行试产。全新开发指采用新的硬件平台或新的软件,复用模块非常少。软件升级可以不组织试产。一般情况下,重大电路变化、重大结构变化或更换重要的第三方模块(如电源)时应组织试产。项目负责人与技术人员进行沟通,综合评估后提出申请,并经领导批准。

采购工程师负责试产产品的物料采购。

1)试产前的工作

(1)试产前,必须完成相应的测试工作,确保产品没有遗留测试问题。

(2)项目负责人提前了解市场需求情况,在确定试产数量与型号时,适当加以考虑。

(3)采购工程师应与项目负责人及时沟通,了解试产计划,对于新物料或采购周期较长的物料,提前下单采购。

(4)项目负责人提前给生产下发电子版BOM(含电子器件与结构件),列明计划的数量与型号,让代工厂提前准备排期,确保试产进度。

(5)试产评审前需要提供正式BOM、位号图、钢网文件、坐标文件等生产技术文件至生产厂家,最好能提供样机给代工厂。

2)试产

(1)正式BOM下放给生产后,采购工程师核对所有需要采购的物料,与生产厂家确认采购的交期,制订出试产计划。

(2)需及时与生产沟通试产进度情况,出现问题,项目负责人与生产厂家一起协调解决,必要时驻厂跟进处理。

(3)产品生产完成后抽检一部分产品或对所有试产产品进行烧录测试。

(4)对测试异常的产品应封样保存,暂时不做处理。

3)试产过程中的变更

(1)所有参与人员在试产过程中若发现问题点,需第一时间通知项目负责人。问题反馈统一汇总,由研发人员分析原因、提出处理措施,并在《试产问题报告》中进行记录。研发人员应在规定时间内予以答复,不能立刻解决的,也应答复预期的解决时间,以免试产停滞太久。对于软件的问题,由项目负责人转交软件部门,并督促其解决。

(2)试产产品的硬件电路改变、元器件的改变、软件版本改变、外观机壳改变都属于产品变更,试产产品的变更要进行评审控制,试产产品的变更由项目负责人负责评审,重大变更或特殊情况要报上级领导批准。

（3）所有测试人员提交的测试报告，均需注明被测产品的硬件版本及序列号、机壳版本、软件版本等数据，换版后未重测的部分要在报告中进行标识，以利识别。

（4）试产过程中的文件资料应进行存档管理。

4）试产结果认定

（1）产品生产测试全部完成后，项目负责人出具测试报告。

（2）项目负责人组织召开试产结果评审，可以采用会议的方式，评审前应将资料提前分发，各相关部门进行问题反馈，项目负责人组织对问题进行分析，提出解决方案。

（3）试产中的遗留待改进问题，由项目负责人后续跟踪验证。

5. 量产

试产通过后，该产品即已经完成开发，在市场出现需求，或预测需求后，以试产后确认的相关文件，与各供应商确认好物料的供应，生产指定数量的产品。

6. 维护

项目试产通过后，即进入产品维护周期。

维护来源可以划分为两大类：

（1）纠错性维护。由于前期的测试不可能揭露产品系统中所有潜伏的缺陷，用户在使用过程中仍将会遇到缺陷，需要诊断和改正这些缺陷。纠错性维护一般工作量不大。

（2）完善性维护。在产品的正常使用过程中，内部及外部用户还会不断提出新的需求。为了满足用户新的需求而增加的功能或进行的变更统称为完善性维护。完善性维护需要分析用户痛点，了解市场需求。

7. 输出文件

整个电子产品开发过程中，不同的环节需要输出不同的文件。总体来说，需要输出的文件大致有：

（1）《用户需求说明书》。

（2）《产品需求规格说明书》。

（3）《软件方案设计说明书》、代码。

（4）《硬件方案设计说明书》、原理图、PCB 图、《PCB 外包技术要求》、BOM、元件位号图，坐标文件。

（5）模具部件图纸、丝印图纸、包装和纸盒图纸。

（6）《联调测试报告》。

（7）《说明书》。

（8）《总体测试计划》《测试报告》。

（9）测试用例、缺陷跟踪。

3.1.3 电子产品的生产过程

电子信息技术依赖电子产品的发展，电子产品已然成为我们生活中不可或缺的东西（图 3-1）。电子产品需要通过装配工艺和流程才能形成具有某种特定用途的产品。那么，整个电子产品究竟是怎么生产出来的呢？

图 3-1　电子产品实例

1. 电子产品的制造技术

电子产品作为一种特殊的产品，它的研制需要反复实验和调试，产品功能必须稳定可靠、功耗低、集成度高、价格便宜等。

1）电子产品生产的概述

电子产品在生产过程中，必然涉及制作产品的材料、工具、方法、工艺和管理等要素。电子产品需要资深工程技术人员和直接技术操作者来完成，包括从产品设计开始，进行试验、装配、焊接、调整、检验、维修、服务等工艺过程，并需要对各种电子材料及电子元器件构成的最终产品的外部特性进行选择和检验，检验其是否达到设计要求。

就电子整机产品的生产过程而言，主要涉及两个方面：一是制造工艺的技术手段和操作技能，二是产品在生产过程中电子产品的质量控制和工艺管理。我们可以把这两个方面分别看作是"硬件"和"软件"。对于现代电子产品的大批量生产，从电子信息技术类的学生将来在制造过程中承担的职责来说，这两方面都是重要的。

2）电子产品生产的要素

电子整机产品的制造过程，包括材料、设备、方法、操作者等几个重点要素。其中，制作电子产品的材料一般包括电子元器件、导线类、金属或非金属的材料以及用它们制作的零部件和结构件。电子产品和技术的水平，主要取决于元器件制造工业和材料科学的发展水平；能否尽快熟悉、掌握、使用世界上最新出现的电子元器件和材料，能否在更大范围内选择性能价格比最佳的电子元器件和材料，把它们用于新产品的开发与制造，往往是评价、衡量一个电子工程技术人员业务水平的主要标准。

3）电子产品生产的要求

电子产品制造过程中必然要使用各种工具、工装、仪器、仪表、机器、设备，熟练掌握并正确使用它们，是对电子产品制造过程中每一个岗位操作者的基本要求。从一方面来说，"三分手艺，七分家伙（工具与设备）"，工具和工装是劳动者双手的延长和增强，仪器和设备是劳动者大脑的扩展与升华；从另一方面来说，仪器和设备又是劳动者本人的竞争者，不仅低水平、低素质的劳动者会被仪器和设备淘汰，而且高水平、高价格的劳动者也将被先进的、效率更高的仪器和设备所取代。

电子产品工艺技术的提高，产品质量和生产效率的提高，主要依赖于生产设备技术水平和生产手段的提高。

4）电子产品生产的管理

对电子材料的利用、对工具设备的操作、对制作过程的安排、对生产现场的管理——

在所有这些与生产制造有关的活动中,"方法"都是至关重要的。在这些过程中,无论是硬件的制造还是软件的设计,都需要培训练习、分析思考、总结经验,不断推出好的、更好的方法,不断利用新的方法代替旧的方法。有时候,方法只是操作者个人经验性的体会和手法,但假如行之有效,经过科学的研究和总结,这方法就会变成现代科学技术的一个组成部分,成为生产工艺技术的一种标准方法被普遍推广。

在现代电子产品制造过程中,新的方法和工艺技术层出不穷,要求工程技术人员和生产操作者具有良好的文化基础,只有这样,才能不断学习、不断提高,适应高新技术方法的要求。

5)中国电子产品制造业现状

电子工业是劳动密集型的产业,它所吸纳的劳动力人数,在全世界的工业劳动力中占有很大的比重。

我国电子工业历经几十年改革开放的发展,逐渐成为"世界电子产品制造业的加工厂",不仅在于是国家宏观经济政策的成功,我国丰富的人力资源、价格低廉劳动力也是重要原因。但是,我国的电子产品制造业要从"来料加工型"全面转变为"设计制造型",劳动力相对低下的平均素质就成为发展的瓶颈。

近年来,"人力资源"已经成为行业之间、企业之间的重要竞争领域。有识之士指出:我国制造业与西方工业发达国家的差距在人才,其一是高级管理人员,其二是高级工程技术人员,其三是高等级技术工人。

"技术盲"已经不能适应新经济时代的工人岗位,现代化工业需要的不再是简单的体力劳动者,而是大批懂得现代工艺技术的高级蓝领。要提高"中国制造"的竞争力,必须着力培育高素质的技术工人队伍。今后几年,我国企业对技术工人的需求将增加25%,其中技师、高级技术员的需求量将翻一番。

2. 电子产品的生产过程

所谓产品生产,是指产品从研制、开发到商品售出的全过程。该过程应包括设计、试制、批量生产三个主要阶段,而每一阶段又分为若干层次。

1)生产

生产出适销对路的产品,是每个生产者的愿望。因此,产品设计应从市场调查开始,通过调查了解,分析用户心理和市场信息,掌握用户对产品的质量性能需求。经市场调查后,应尽快制订出产品的设计方案,对设计方案进行可行性论证,找出该设计的技术关键及技术难点,并对设计方案进行原理试验,在试验基础上修改设计方案并进行样机设计。

2)试制

产品设计完成后,进入产品试制阶段。试制阶段应包括样机试制、产品的定型设计和小批量试生产三个步骤。即根据样机设计资料进行样机试制、实现产品的设计性能指标,验证产品的工艺设计,制定产品的生产工艺技术资料,进行小批量生产,同时修改和完善工艺技术资料。

3)批量生产

开发产品的最终目的是达到批量生产,生产批量越大、生产成本越低,经济效益也越高。批量生产的过程中,应根据全套工艺技术资料进行生产组织。生产组织工作包括原材料的供应,组织零部件的外协加工,工具设备的准备,生产场地的布置,插件、焊接、装配调试生产的流水线，进行各类生产人员的技术培训，设置各工序工种的质量检验，制订产品试验项目及包装运输规则，开展产品宣传与销售工作，组织售后服务与维修等。

3. 手机的生产过程

这里，我们以某国产智能手机的生产过程为例，简单介绍手机的生产过程。

1）原材料质检

手机的原材料质检，质检场所包括电声实验室、机械试验室、高温试验室、安规实验室、环境实验室、气候实验室、摄像头测试室、电池实验室、电子测试房、理化室分析室等十个分实验室，共有167种原材料接受570多项测试。

2）从PCB至手机主板

手机的生产，是从PCB开始，采用SMT（贴片）生产。整个生产过程包括擦板、印刷、检测、切片、刷系统，然后是射频、Wi-Fi、板极（工作电流）校准和检测。

3）成品检验

手机生产完成后的成品，必须经过严格的检验才能出厂。整个成品检验分性能测试、结构测试、环境结构测试三大类。

（1）性能测试：主要是模拟用户使用状况进行测试。包括模拟用户环境的温升测试、静电测试、SAR测试（检测手机使用辐射）。

（2）结构测试：主要就是"虐"手机，如跌落、防水、防静电等。

抗跌落实验（10cm，正反各2万次、侧面各4000次，共5.6万次），另外还有1m、1.5m、1.8m自由跌落实验等。

（3）环境测试：主要包括老化试验、防潮、防尘等试验。

3.1.4 现代学徒制简介

现代学徒制是通过学校、企业深度合作，教师、师傅联合传授，对学生以技能培养为主的现代人才培养模式。

现代学徒制更加注重技能的传承，由校企共同主导人才培养，设立规范化的企业课程标准、考核方案等，体现了校企合作的深度融合。

现代学徒制实现专业设置与产业需求对接，课程内容与职业标准对接，教学过程与生产过程对接，毕业证书与职业资格证书对接，职业教育与终身学习对接，提高人才培养质量和针对性。

建立现代学徒制是职业教育主动服务当前经济社会发展要求，推动职业教育体系和劳动就业体系互动发展，打通和拓宽技术技能人才培养和成长通道，推进现代职业教育体系建设的战略选择；是深化产教融合、校企合作，推进工学结合、知行合一的有效途径；是全面实施素质教育，把提高职业技能和培养职业精神高度融合，培养学生社会责任感、创新精神、实践能力的重要举措。

现代学徒制的内容包括：

1. 招生与招工一体化

"招生即招工、入校即入厂、校企联合培养"，院校根据合作企业需求，与合作企业共同研制招生与招工方案，扩大招生范围，改革考核方式、内容和录取办法，并将试点院校的相关招生计划纳入学校年度招生计划进行统一管理。

2. 工学结合人才培养模式

工学结合人才培养模式是现代学徒制的核心内容。职业院校与合作企业根据技术技能人才成长规律和工作岗位的实际需要，共同研制人才培养方案、开发课程和教材、设计实施教学、组织考核评价、开展教学研究等。校企签订合作协议，职业院校承担系统的专业知识学习和技能训练；企业通过师傅带徒形式，依据培养方案进行岗位技能训练，真正实现校企一体化育人。

3. 专兼结合的师资队伍

校企共建师资队伍，教学任务由学校教师和企业师傅共同承担，形成双导师制。校企双方密切合作，学校与企业之间人员互聘共用、双向挂职锻炼、横向联合技术研发和专业建设，合作企业选拔优秀高技能人才担任师傅。图3-2所示为高校教师在企业生产线指导学员生产实践。

图3-2 高校教师在企业生产现场指导学员生产实践

4. 创新教学管理与运行机制

科学合理的教学管理与运行机制是现代学徒制试点工作的重要保障。院校与合作企业根据现代学徒制的特点，共同建立教学运行与质量监控体系，共同加强过程管理，指导合作企业制定专门的学徒管理办法，保证学徒基本权益；根据教学需要，合理安排学徒岗位，分配工作任务。院校根据学徒培养工学交替的特点，实行弹性学制或学分制，院校和合作企业共同实施考核评价，将学徒岗位工作任务完成情况纳入考核。

任务实施

模拟企业招聘宣讲会。

1. 任务内容要求

选题：以小组调研、了解到的电子企业状况，结合同学们关注的重点，模拟企业进校园招聘的宣讲会。

宣讲会需包括以下关键点：

(1) 企业基本介绍；

（2）企业招聘主要岗位介绍。

2. 任务提交资料

企业宣讲会报告。

3. 格式要求

PPT 形式，要求图文并茂，格式美观具有说服力。

4. 呈现形式

以小组为单位，PPT 宣讲，时间不超过 5 分钟。

任务评价

项目名称：模拟企业招聘宣讲会	项目承接人 姓名：	日期：
项目要求	扣分标准	得分情况
主题选择（15 分） 以某企业为对象，主题自拟。 包括企业介绍和招聘岗位介绍。	所选主题不切题（扣 5 分） 所选主题内容表述不清楚（扣 5 分）	
关键要求一（25 分） 企业基本情况介绍	对企业基本情况介绍不清楚（扣 5 分） 图文不当（扣 5 分） 资料引用过时（扣 5 分）	
关键要求二（25 分） 企业岗位介绍	岗位介绍不清楚（扣 10 分） PPT 软件操作不熟练（扣 5 分）	
关键要求三（15 分） 企业及岗位介绍目的：选择本企业的理由	对招聘报告没有总结分析（扣 10 分） 对岗位介绍不清楚（扣 5 分）	
整体内容的美感（20 分） PPT 的制作、演讲人的发挥	根据个人路演表现形式，酌情扣分	
评价人	评价说明	备注
个人		
老师		

任务 3.2　创新电子产品设计

任务引入

创新是一个国家软实力的象征因素之一，是一个国家、一个民族兴旺发达的源动力。大学生的创新能力，直接关系到国家、社会发展的未来。电子信息产业技术含量高，对社

会的影响越来越大，受到各个国家的高度重视，世界电子信息产业得到全面快速发展，一场围绕电子信息技术的工业革命正在展开，这次革命的主要内容是大数据、智能制造技术、节能环保技术等，它正在转变人们的生活方式。

随着智能科技的快速发展，各种智能电子产品层出不穷，为我们的生活带来极大的便利。创新设计充分发挥设计人员的设计能力，开发设计出"新、特、异"的优质产品，以满足市场的需求。创新是企业的生命。

创新一方面提高物质生产要素的利用率，减少投入；另一方面又通过引入先进设备和工艺，从而降低成本。创新对提高产品质量，实现产品多样化战略具有不可忽视的作用。只有创新，才能形成企业独特的品牌优势。创新还可以促进企业组织形式的改善和管理效率的提高，从而使企业不断适应经济发展的要求。在知识经济时代，企业只有依据市场变化，不断调整产品结构，提高技术水平推陈出新，才有可能在激烈的竞争中立于不败之地。从这个意义上讲，创新是企业生存和发展的必要前提，是企业生命力的不竭源泉。

任务目标

◆ 掌握电子产品的描述方法；
◆ 学会电子产品的方框图设计；
◆ 掌握创新设计的要素。

任务描述

现代人的生活越来越离不开电子产品了，小到手机，大到电脑、智能电视，这些都是生活必不可少的电子产品，而随着人们的生活消费水平渐渐提高，有越来越多的创意电子产品给我们的生活带来便捷。即将成为电子信息行业一员的我们，不应只是一名使用者，而应成为其中的创意设计者，来引领电子信息产品的发展方向。

请各小组开展一次头脑风暴，创意设计出一款自己独有的电子产品，并用PPT进行简要描述。

知识准备

3.2.1 电子产品描述方法

在从事创新产品设计时，我们应该先来了解电子产品有哪些描述方法。

1. 电路原理图

用来表示设备的电气工作原理，它使用各种图形符号，按照一定的规则，表示元器件之间的连接关系。

如前面章节中提到的最简单的、也是我们认识的第一个电路原理图，即手电筒工作原理图，它包含了电路的四大要素，即电源、开关、用电器和导线。

当然，实际电子产品的原理图可能要比这个复杂得多。图3-3所示为某品牌空调微电脑控制电路原理图。

项目三 创新创业与学业生涯规划

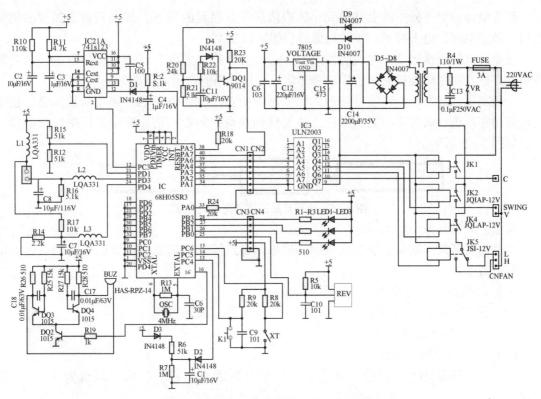

图3-3 某品牌空调微电脑控制电路原理图

这样的电路原理图,现在的我们是无法看懂的,有没有一种简单的方法呢?

2. 方框图

在前面的任务中,我们了解过,智能电子产品可以用一种比较简单的框图来描述,如对一台空调,可以用图1-27所示来表达。这实际是一种不规范的表述方式。因为一台空调不可能只有压缩机,还有风机控制、报警显示等工作元件,因此,一个比较完整的空调框图,应该如图3-4所示。

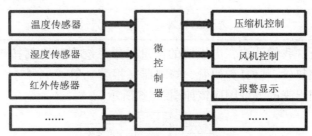

图3-4 空调组成结构方框图

从图3-4中,我们可以方便地看出,该空调用一个微控制器来进行系统控制,而图中左边的温度传感器、湿度传感器、红外传感器等,是负责采集环境信息的,它们把采集到的信息传递给微控制器进行处理,使微控制器按照我们设计的要求,去控制压缩机以及风机控制、报警显示等工作元件。

最后把每一个方框中表示的功能,用电路元件绘制成完整的电路图,就是图3-3所示的电路原理图了。

131

要弄懂每一个方框中的电路单元,还得依靠专业课程的学习,如我们前面提到的模拟电路、数字电路、电工技术、单片机原理、传感器技术……

电路的方框图描述是一种说明性图形,它用简单的"方框"代表一个部件或一个功能模块,方框之间用线连接起来,用以表达信号通过电路的途径或电路的动作顺序。

一般来说,我们把负责信号处理的微控制器画在中间,负责信息采集的传感器、按键电路等画在左边,而负责功能实现的工作元件画在微控制器右边,它由微控制器控制着工作,如图3-5所示。

图3-5 电子产品的方框图表达方法

这里,我们来做一个练习。

某公司要开发一款电脑温控电饭锅。请根据客户需求,试着绘制该电饭锅的设计方框图。客户需求如下:

(1) 双温控,一置锅底、一置锅盖防溢。
(2) 按键功能选择:煮饭、熬粥、煲汤、熬银耳、烘蛋糕等。
(3) 数码及LED指示灯显示。
(4) 饭熟后蜂鸣器报警。

乍一看,好像这个产品挺复杂的,但仔细分析起来,它的功能可以按表3-1所示描述。

表3-1 电饭锅功能及实现分析

序号	拟实现功能	实现器件
1	微电脑控制,烹饪全程自动化	微控制器、加热丝
2	按键选择煮饭、熬粥、煲汤、熬银耳、烘蛋糕等	按键
3	数码及LED显示	LED数码管、灯
4	饭熟后报警	蜂鸣器

根据上面的分析,我们认为,电饭锅的信息采集系统主要包括按键和温度传感器,它的工作元件主要有加热丝、LED数码管、蜂鸣器(报警)等。

于是,我们绘制出来的方框图应该如图3-6所示。

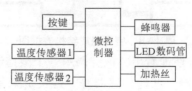

图3-6 电饭锅原理框图

大家可以试着分析一下:家里常用的豆浆机、吸尘器、洗衣机等的方框图,应该如何描述呢?

小知识 <<<

智能手机的基本原理

1）什么是智能手机

智能手机：是指像个人电脑一样，具有独立的操作系统，可以由用户自行安装软件/游戏等第三方服务商提供的程序，通过此类程序不断对手机的功能进行扩充，并可通过无线通信网络来实现无线网络接入的一类手机的总称。

2）智能手机的功能

智能手机的基本功能跟普通手机一样，还是打接电话和收发短信；但它拥有另一个强大的功能，即开放的操作系统、可扩充的软硬件支持、第三方的二次开发等。

因此，它的系统构成如图 3-7 所示。

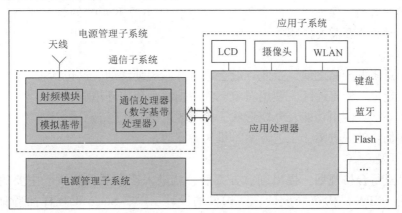

图 3-7 智能手机系统构成图

3）智能手机的架构

智能手机的硬件大多采用双处理器架构：即主处理器和从处理器。

主处理器运行开放式操作系统以及操作系统之上的各种应用，负责整个系统的控制；从处理器负责基本无线通信，主要包括数字基带芯片（Digital Baseband，DBB）和模拟基础（Analog Baseband，ABB），完成语音信号和数字语音信号调制解调、信道编码解码和无线 Modem 控制。

然后，工程技术人员将它们变成电路图。这个电路图也是由一个一个模块组成，并进行综合控制。

真正设计中最难做到的是创意！要设计出"你有我有，你无我也有"的产品，企业产品才有活力。

3.2.2 创新电子产品设计

创新设计是指充分发挥设计者的创造力，利用人类已有的相关科技成果进行创新构思，设计出具有科学性、创造性、新颖性及实用成果性的一种实践活动。

创新设计必须从用户需求出发，以人为本，满足用户的需求；从挖掘产品功能出发，赋予老产品以新的功能、新的用途；从成本设计理念出发，采用新材料、新方法、新技术，降低产品成本、提高产品质量、提高产品竞争力。

随着电子信息技术的发展、知识社会环境的变化，以用户为中心、用户参与创新设计，以用户体验为核心的"大众创业，万众创新"的"双创"活动，正在全国开展。

创新设计由创意与设计两部分构成，是将富于创造性的思想、理念以设计的方式予以延伸、呈现与诠释的过程或结果。

创意是神秘的。它是我们生产作品的能力，需要我们看到新的可能，再把这些可能组合成作品的过程，是创新的意识和思想，即我们平常所说的点子、主意、想法，因此，创意人人可为。

1. 企业创意产品设计

企业要保证活动，保证强劲的竞争力，必须保证源源不断的创新。那么，企业在进行创新产品设计时，主要需要做哪些工作呢？

1）产品规划

在准备创意研发产品之前，企业一般会进行产品规划活动。这包括：

确定产品定位：销售地区、使用对象、消费档次、使用环境等。

确定产品规格：使用功能、外观形状、检测规范等。

方案的评估：外观方案、工艺方案、机构方案等。

2）产品开发

在对产品进行合格规划，提出创意方案后，就进入产品开发阶段。主要的工作有：外观 ID 的评审、PCBA 机构布局设计、结构件的设计、EVT Stage 工程样品验证测试、DVT Stage 设计验证测试、PVT&MP Stage 小批量过程验证测试、量产等。

案例：豆浆机的发展历程

中国人喜欢喝豆浆，豆浆机采用微电脑控制，实现预热、打浆、煮浆和延时熬煮过程全自动化。豆浆机自 1994 年被王旭宁发明出来后，先后经历了传统泡磨型豆浆机、带网豆浆机、无网豆浆机三个阶段的发展。如图 3-8 所示为不同类型的豆浆机产品。

图 3-8 不同类型的豆浆机产品

（1）传统泡磨型豆浆机：有代表性的是榨汁机、料理机所附带的豆浆功能，这类豆浆机在做豆浆时要先把黄豆泡上 4~8h，泡软后才能用豆浆机打，而且打出的豆浆还要通过另外的加热器具进行煮熟，缺点是不能即时制作，整个过程比较费事。

（2）带网豆浆机：这种豆浆机改进了传统泡磨型豆浆机的缺点，可以放入湿豆、干豆，选择相应的功能，即可以自动进行高速打碎，并通过自身的加热系统把豆浆煮熟，无须另外再加工，缺点是清洗比较麻烦。

（3）无网豆浆机：顾名思义，无网即没有以前那种密网装置，改良为大网或是无底大网，这类网优点是清洗非常简单，而且豆浆非常浓，是目前市面上主流的品种。

更细分的发展，包括电机上置、外加豆、智能不粘、浓香技术营养、文火熬煮、营养萃取、拉法尔网、无网简易、环绕立体加热、五谷精磨器、智能全营养、植物奶牛、倍浓技术、IH电磁加热技术、免滤豆浆机、破壁免滤豆浆机。

正是这种不断的创新创意，使豆浆机这一小家电焕发出强大的生命力，丰富了我们的生活。大家可以用电路方框图的形式分析这些不同种类的豆浆机的电路结构、功能之间的差别。

2. 创新设计的要素

产品推出的目的，是要赢得市场，赢得消费者的青睐。因此，产品设计，重点需要做到的就是：

（1）发掘客户需求；

（2）把握产品核心竞争力；

（3）认清产品竞争对手；

（4）把现有产品发挥到极致。

更直白的说法是：

（1）极致：做到最好。把自己的产品做到最好，在产品过剩的海洋中浮现出来，让消费者关注到。如苹果手机的成功。

（2）专注：资源有限，专注才能极致。即使资源多了想要多元化，也要围绕一个领域进行多元化的专注。如格力空调的成功。

（3）快：产品生命周期超短。目前外部环境变化迅速，用户需求不停更新，产品生命周期变短，必须快速跟上需求和市场的变化。如各种电子产品的发展。

（4）迭代：在原有产品上微创新。创新最重要，即使原有的畅销产品，也需要不断地进行修改迭代。如各种智能手机的迭代。

（5）大众思维：消费者数量比消费能力重要。如小米产品的成功。

（6）体验至上：人性化、界面友好、"傻瓜化"，进入用户的内心世界感同身受，轻松使用。如网购、外卖、智能手机的成功。

（7）痛点和痒点：就是让人们不舒服的地方，找到这个点，解决它。如外卖、网购、线上支付等。

（8）爆点：让消费者兴奋的地方。如抖音、余额宝、拼多多的成功。

（9）简约思维：功能简单、操作简单。如抖音、智能手机的操作界面。

（10）个性化：突出自我、展现个性。如微博、弹幕、抖音的成功。

（11）产品第一：产品本身要好，品牌第二。产品永远是企业的核心，品牌、营销、战略只是手段。

（12）社交元素：让人们足不出户进行社交。如QQ、微信、微博、人人网、陌陌、抖音、"B 站"等。

（13）用户参与：让用户参与设计互动，使用户变成员工。企业的智力资源不仅仅来自员工，也来自用户。用户参与产品设计，会使产品具有创新性，更符合用户需求。

（14）互动：用户使用产品时也能互动。海尔的卡奥斯 COSMOPlat 通过持续与用户交互，将硬件体验变为场景体验，将用户由被动的购买者变为参与者、创造者，将企业由原来的以自我为中心变成以用户为中心。

（15）去中心化：网络产品的平权。如微信群。

（16）产品思维：产品要实现标准化、模块化、可复制性，可以大规模地推广，为多人服务。

（17）单点突破：开发一个需求特别强的产品，把一个功能做到极致，有一个特别的亮点，使产品充满个性，不追求过多的种类。如苹果手机。

3. 从手机的发展史看创新设计

手机从出现发展到今天，经过了一次又一次的创新变革，形成了如今多样化的造型、多样化的功能，而不是单一的通信工具。图 3-9 所示为不同时期的一些手机外形。由于手机发展迅猛，创新层出不穷，短短的几十年里就涌现出不少世界级的企业。从摩托罗拉（Motorola）、爱立信（Ericsson）、诺基亚（Nokia），到三星、苹果、华为，各领风骚，展现了一幅波澜壮阔的发展史。

图 3-9　不同时期的一些手机外形

1) 移动通信的 5 代发展简史

"手机之父"马丁·库帕 1973 年发明了第一部推向民用的手机，1983 年第一部移动电话摩托罗拉 DynaTAC 8000X 上市（图 3-10），手机开始进入我们的生活。

图 3-10　摩托罗拉 DynaTAC 8000X

第一代移动通信，简称1G，是摩托罗拉的天下。

模拟移动电话系统的质量完全可以与固定电话相媲美，通话双方能够清晰地听出对方的声音。但模拟移动通信与数字通信相比保密性能较差，极易被并机盗打，只能实现话音业务，无法提供丰富多彩的增值业务；网络覆盖范围小且漫游功能差。

第二代移动通信，简称2G。

GSM数字网具有较强的保密性和抗干扰性，音质清晰，通话稳定，并具备容量大、频率资源利用率高、接口开放、功能强大等优点。

GSM时代后，各大手机生产商看准这一新的商机，争相拓展这一市场上的份额，摩托罗拉不肯舍弃已有的地盘"抱死"了模拟网络，以至于没能及时调整市场战略，其霸主地位迅速下滑。与此同时，诺基亚、爱立信等厂商后来居上，成三足鼎立之势。

第三代移动通信，简称3G。

3G支持高速数据传输，能够同时传送声音及数据信息。3G是将无线通信与国际互联网等多媒体通信结合的一代移动通信系统。这一时期，移动上网取得飞速发展，带动智能手机迅速普及到我们的生活之中。

第四代移动通信，简称4G。

4G技术是在3G技术上的一次更好的改良，其相较于3G技术来说一个更大的优势，是将WLAN技术和3G通信技术进行了很好的结合，使图像的传输速度更快，让传输图像的质量和图像看起来更加清晰。在智能通信设备中应用4G技术让用户的上网速度更加迅速，速度可以高达100Mb/s。

第五代移动通信，简称5G。

第五代移动通信技术是最新一代蜂窝移动通信技术，也是继4G（LTE-A、WiMax）、3G（UMTS、LTE）和2G（GSM）系统之后的延伸。5G的性能目标是高数据速率、减少延迟、节省能源、降低成本、提高系统容量和大规模设备连接。

2）智能手机的发展

2007年开启了智能手机新时代。

2007年，手机经过多年的发展，已经基本成型，各个生产商基本确定了自己的风格。在苹果带来革命性冲击之前，大家在各自的市场驰骋。同时大家又互相兼容并收，一个品牌的成功经验立刻被复制到另外一个品牌，你超薄我也超薄，你智能我也智能，你拍照我也拍照。

苹果在MP3市场取得巨大成功后，把手伸向了手机市场。600MHz的ARM11处理器，3.5寸真彩电容屏幕，比市面竞争对手先进5年的操作系统，带来的体验是革命性的，它的出现颠覆了整个手机市场，手机进入了一个新时代。

你方唱罢我登场，智能手机发展到今天，手机市场已经发生了翻天腹地的变化，以前以摩托罗拉、诺基亚、西门子、爱立信、索爱、黑莓（RIM）、多普达、飞利浦、夏普、松下、索尼（Sony）、三星、LG等为主流品牌，现在华为、苹果、OPPO、vivo、小米等位居上游。

3）中国手机设计产业发展史

自1990年，中国邮电部杭州通信设备厂与摩托罗拉签订一项代工合同，杭州通信设备厂以SKD（主要零组件方式）为摩托罗拉代工手机，拉开了中国手机产业发展的序幕。

1993年到1999年6月，手机大厂陆续进入中国，中国本土手机品牌东方通信、厦华、科建、TCL和波导市场占有率也从1999年的3%快速成长至2002年的30%，中国手机品牌的持续增长带动手机代工产业的快速发展，其合作模式一种是采用手机模块加上外围元件，另一种就是直接贴牌。

　　中国台湾手机ODM（委托设计与制造）产业发展初期从PC行业切入手机行业，依托于笔记本和EMS产业链的优势，通过子公司的方式切入手机代工行业，包括广达、仁宝、华冠、伟创力和鸿海（富士康）等。主要服务于国际一线品牌厂商，如诺基亚、摩托罗拉、爱立信、索尼、惠普（HP），以及少部分国内品牌客户。

　　2G时代，诺基亚、摩托罗卡、索尼、爱立信等一线品牌掌控硬件开发平台，中国大陆手机品牌波导和夏新等主要借助于中国市场销售的优势，通过贴牌的方式，在大陆迅速起势，主要是与韩国公司进行OEM/ODM合作。

　　2.5G时代，借助于TI平台+Intel chipset模式，随着英特尔和微软切入手机产业，宏达电（HTC）是最大的受益者，借助于微软的大力支持，在Windows phone平台智能机/PDA市场占比最大。随后MTK turnkey方案的推出，解决了中国手机设计公司的平台选择的困扰，推动中国手机产业在2.5G时代智能机的崛起，中国设计公司闻泰、龙旗和希姆通的高速增长是其主要的支撑。

　　3G时代，由于中国运营商的积极推动和芯片平台厂商的本土支持，3G智能手机在中国大陆增长迅速，联想、华为、酷派和中兴借助于运营商补贴政策和与手机设计公司闻泰、龙旗、希姆通、华勤的合作在中国市场迅速崛起。

　　2007年苹果进入手机市场，在高端市场对诺基亚、摩托罗卡、索尼、爱立信等冲击明显，中国台湾的ODM产业受到的波及最大，产业链开始出现分化转型，手机ODM产业重心开始逐步从中国台湾公司向大陆公司转移。

　　中国手机市场4G智能机从2013年开始起步，由于运营商补贴开始逐步减少，运营商渠道智能机销量占比开始下滑，华为、OPPO、vivo和小米开始借助于公开市场渠道迅速增长，其中千元智能机产品研发设计主要通过与闻泰、华勤、与德和龙旗等ODM公司合作。

　　4）未来的手机发展方向

　　科技越来越发达，时代前进的步伐越来越快。早期的手机只有拨打电话的功能，而后慢慢增加了短信、彩信、照相、游戏等功能，屏幕也由黑白变为彩色。然而在几年后，当手机连接互联网后，整个世界有了意想不到的大转变，手机摇身一变成为了智能手机，App让人们的生活变得更加多彩。此时，手机不再是通话的工具，它与人类的欲望和科技互相搭载，其变化与价值更是惊人。

　　目前，在5G超高速和超低时延网络能力的支持下，智能手机与高清视频、虚拟现实、增强现实、全息视频、边缘计算、物联网等深度融合，激发出更多的应用，进一步史无前例地丰富人们的生活，提高社会生产效率。

任务实施

　　产品创意设计发布会。

1. 任务内容要求

　　选题：以小组创意设计产品为对象，进行一次产品创意设计发布会。

发布会报告需包括以下关键点：
（1）创意理念：为什么设计该产品；
（2）产品优势：它的核心竞争力是什么；
（3）产品主要功能介绍；
（4）产品设计原理框图。

2. 任务提交资料

创意电子产品设计报告。

3. 格式要求

PPT形式，要求图文并茂，格式美观，具有说服力。

4. 呈现形式

以小组为单位，PPT课堂路演，各小组路演时间不超过5分钟。

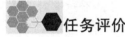任务评价

项目名称：产品创意设计发布会	项目承接人： 姓名：	日期：
项目要求	扣分标准	得分情况
主题选择（15分） 以小组创意产品为对象，命题自拟。 包括创意理念、产品优势、主要功能、设计框图介绍。	产品不具有创新性（扣5分） 产品性能描述不清楚（扣5分）	
关键要求一（25分） 创意理念介绍。	对创意理念介绍不清楚（扣5分） 图文不当（扣5分） 资料引用过时（扣5分）	
关键要求二（25分） 产品优势及主要功能介绍。	产品优势及主要功能分析不清楚（扣10分） PPT软件操作不熟练（扣5分）	
关键要求三（15分） 产品设计框图介绍。	没有产品设计框图（扣10分） 产品设计框图不清楚（扣5分）	
整体内容的美感（20分） PPT的制作、演讲人的发挥	根据个人路演表现形式，酌情扣分	
评价人	评价说明	备注
个人		
老师		

任务 3.3　学业规划与职业生涯规划

任务引入

上了大学，仿佛一切都变轻松了，再不必去考虑紧张的升学压力，生活似乎变得自由自在、无拘无束。然而，另一种紧张感却又开始压在心头，毕竟三年后就要走向社会，开始工作了。

"凡事预则立，不预则废。"在步入社会前，将现实环境和长远规划相结合，给自己的学业生涯、职业生涯一个清晰的定位，是在校学习乃至将来求职就业、职业升迁的关键一环。高职院校学生对于学业生涯、职业生涯规划大多处于一种迷茫的状态，不知道对此该如何抉择。所以，当你确定不了想干什么时，至少你可以确定自己不想干什么。

大学生活，我们将从懵懂无知走向成熟，将从稚嫩与幻想走向担当与稳重。所以，我们需要一份具体且适当的学业生涯规划，来时时鞭策自己，激励自己奋发前行。这样，在我们临近毕业、面对未来的就业时，可以沉着地对自己说：我准备好了！

那么，要怎么给自己制订出一份合理的学业规划和职业生涯规划呢？

任务目标

- ◆对自我进行较好的认识；
- ◆能够明确地认知自己将来的职业前景；
- ◆能够较好地对自身职业生涯进行初步规划；
- ◆能主动获取有效信息，对学习进行总结和反思。

任务描述

我们的大学生活应该如何度过？我们可以学到什么？除了学习、娱乐，我们还能干什么？大学是社会的缩影，是迈进社会的过渡阶段，制订良好的学业规划可以更好地适应现代社会发展的需要，对我们今后的成长成才及职业理想的实现具有重要意义。

上大学了，总的目标是学到些真正有用的知识，知道如何为人处世，给自己的人生奋斗打下坚实的基础。如何才能让自己的大学生涯更有意义呢？

请同学们认真分析自己、剖析自己，根据自身情况，给自己做一份较好的大学学习规划和职业生涯规划吧！

知识准备

有人说，大学是高中的延伸，知识的海洋需要我们继续遨游；有人说，跨进大学，再没了升学压力，可以痛痛快快玩几年了。只是，毕业后的就业压力，却又若有若无地压在心头，让人总感觉不是那么的踏实。

大一，刚刚踏入令人神往的大学之门，内心充满好奇，来自四面八方的同学云集在此，正所谓"在家靠父母，在外靠朋友"，所以，首先要提高自己的人际沟通能力，在别人困难的时候积极帮助别人，只有这样，在自己有困难的时候朋友才会伸出援助之手。

每个人都是自己人生的主角，要如何让自己的人生充实而精彩，收获更多的鲜花和掌声呢？

确定目标是最重要的，有了目标就有了动力，有了努力的方向。剖析一下自己，给自己制订一份良好的学业规划，让人生的理想正式启航吧！

3.3.1 自我分析：了解一下自己

自己能力怎么样？如何洞察和理解自己、认识自我、实事求是地评价自己，是自我调节和人格完善的重要前提。

1. 我的兴趣

我有哪些爱好？读书、运动、听音乐？试着写下几条自己的爱好。

___

2. 我的优点

我有哪些优点？乐观、积极、脚踏实地、有始有终、有主见、善于总结和反思、善于学习、富有团队精神？试着写下几条自己的优点。

___

3. 我的缺点

认识到自己的缺点并承认缺点很难。我是否懒散、粗心、自主能力差、性格不稳定？试着写下几条自己的缺点。

___

3.3.2 学业规划:督促一下自己

我的未来会怎样?我将来想从事什么工作?做一个什么样的人?我的兴趣爱好、优缺点对我将来从事的工作会有什么影响?我要从哪些方面去改进?大学学习的几年,正好是提升、完善自己的时期,做好学业规划,实现自己既定学业目标,给自己的人生打下良好的基础。

1. 为什么要制订学业规划

(1)做好学业规划能增强生活和学习的主动性。

一份有效的学业规划,能够引导我们认识自身的个性特质、现有和潜在资源优势,对自己的综合优势和劣势进行对比和分析,树立正确的学业发展目标和未来职业理想,评估个人目标和现状之间的距离,学会运用科学有效的方法,采取切实可行的步骤和措施,不断增强自己的学业竞争力,实现学业目标和职业理想。从一入学开始,就应该认清自己的目标和努力方向,而不是到快毕业了才开始想自己到底想要什么,要改变以往的被动局面,由"要我学"变为"我要学"。

(2)做好学业规划能促使自己积极向上和自我完善。

学业规划是我们努力的依据,也是对自我的鞭策。随着学业规划的每一个具体目标的实现,我们就会越来越有成就感,我们的思想方式及心态就会向着更积极向上的方向转变。好的学业规划为我们提供了完成学业的清晰路径,使自己对学业的实现过程有了清晰透彻的认识,进而更有信心和勇气达到自我完善。

(3)做好学业规划有助于自我定位。

我们要不断地了解自己,发掘自己的特点,进而进行不断的调整与修正,找出自己感兴趣的领域,确定自己优势所在,明确切入社会的起点,明确自我人生目标,进行自我定位。

学业规划确立的就是一个明确自己"能干什么""社会可以给我提供什么机会""我选择干什么"等问题的过程,进而理想具有可操作性,为进入社会提供明确方向。

2. 我的学业规划

一年级:一年级是打基础的阶段,需要逐渐适应和掌握大学的学习方法,培养良好的自主学习习惯。当然,也要好好培养自己的沟通、表达和写作能力,参加各种社团活动。所以,我觉得应该做好的事情有:

_____
_____
_____
_____
_____

二年级:二年级是专业课最繁重的一年,需要学习掌握大量的专业知识和技能,并适度做兼职,接触社会,培养社会实践能力,进一步提升自己,为今后工作迈出重要的一步。

因此，我的学习规划是：
_____
_____
_____
_____
_____

三年级：要马上毕业并走上工作岗位了，需要加强自己的专业技能训练，通过一些专业资格认证的考试。同时可以尝试接触社会，培养社会实践经验，锻炼自己的工作能力及应聘能力。因此，我的学习规划是：
_____
_____
_____
_____
_____

3.3.3 职业规划：给自己设计一个未来

中国正从制造大国向制造强国迈进，比历史上任何时期都更需要一支拥有现代科技知识、精湛技艺技能和较强创新能力的高素质技能人才队伍，也比历史上任何时期都能更好地为"建设知识型、技能型、创新型人才"提供成长、成才、实现价值的发展空间。

职业生涯规划可以帮我们认知自我、了解自己、提高初入职场的生存能力和职业素养，了解国家经济发展、行业需求发展趋势、岗位技能和能力要求。高职院校的学习可以让我们掌握专业技能，为以后的职业生涯打好基础。电子信息产业高速发展，提供了良好的就业条件。

"凡事预则立，不预则废。"为了理想，我们来进行一次科学的人生职业规划，给自己一个明确的目标。也许要实现它有很大的难度，但同时它也吸引着我们，让我们为之全力以赴，一步一步朝着目标迸发，最终超越自己，实现梦想。

1. 职业认知：我们将来的工作环境

1) 职业

职业是指将来要从事的相对稳定的、有收入的、专门类别的工作。它能反映一个人的社会身份、社会地位、知识、能力、素质水平等。

2) 职业环境

职业环境就是将来从事的职业在社会大环境中的发展状况、技术含量、社会地位、未来发展趋势等。弄清职业环境对职业发展的要求、影响及作用，才能对各种影响因素加以衡量、评估并做出反应。

（1）社会环境。我们所处的社会政治环境、经济环境、法制环境、科技环境、文化环境，包括国际的、国内的和所在地区的环境。

现在国家倡导"大众创业，万众创新"战略，新行业新企业如雨后春笋般兴起壮大，为求职者提供了更多的就业岗位。

在《中国制造2025》这个大背景下，中国制造要实现"中国智造"的转型升级，需要一支掌握先进制造技术的国际型、复合型、高素质专业技术人才队伍；需要一支职业素养好、门类齐全、技艺精湛、爱岗敬业的高技能人才队伍。为此，国家相关部门制订了一系列人才培养计划，来提升高技能人才队伍建设，满足国家发展对技能型人才的需求，这为求职者提供了广阔的就业空间。

国家"一带一路"倡议给全球经济的复苏添加了一剂强心针，带动和影响了很多国家。在寻求"中国梦"的大背景下，个人梦想的实现是可望且可及的。

（2）行业环境。将来所从事行业本身所处的发展阶段及其在社会经济发展中的地位，影响行业发展的各种因素，行业未来的发展趋势，行业对人才选拔的条件，这些是我们职业生涯规划的依据。

（3）微观环境。包括企业环境：企业的文化、制度、实力以及领导魅力等。学校环境：学校的教学特色与专业优势、课程设置、社会影响力等。家庭环境：我们的价值观、行为模式，会受到家庭很大的影响。

（4）获取环境信息的方法。利用网络资源、生涯人物访谈、参观实习、社会实践等方式获取。

3）职业资格

职业资格包括从业资格和执业资格，职业资格是对从事某一职业所必备的学识、技术和能力的基本要求。

从业资格是指从事某一专业（工种）学识、技术和能力的起点标准。

执业资格是政府对某些责任较大、社会通用性强、关系公共利益的专业（工种）实行准入控制，是依法独立开业或从事某一特定专业（工种）学识、技术和能力的必备标准。

职业资格分别由国务院人社部门通过学历认定、资格考试、专家评定、职业技能鉴定等方式进行评价，对合格者授予国家职业资格证书。从业资格通过学历认定或考试取得。执业资格通过考试方法取得。

小知识 <<<

"1+X"证书制度

2019年，教育部、国家发展改革委、财政部、市场监管总局联合印发了《关于在院校实施"学历证书+若干职业技能等级证书"制度试点方案》，部署启动"学历证书+若干职业技能等级证书"（简称"1+X"证书）制度试点工作，自2019年开展"1+X"证书制度试点工作。

"1"为学历证书，学历证书全面反映学校教育的人才培养质量；"X"为若干职业技能等级证书，职业技能等级证书是毕业生、社会成员职业技能水平的凭证，反映职业活动和个人职业生涯发展所需要的综合能力。

把学历证书与职业技能等级证书结合起来，探索实施"1+X"证书制度，将按照高质量发展的要求，坚持以学生为中心，深化复合型技术技能人才培养培训模式和评价模式改革，提高人才培养质量，畅通技术技能人才成长通道，拓展就业创业本领。院校内实施的职业技能等级证书分为初级、中级、高级,是职业技能水平的凭证,反映职业活动和个人职业生涯发展所需要的综合能力。

2. 自我认知:我适合做什么工作

知人者智,自知者明。一份有效的职业生涯规划必须是在充分认识自我和职业的基础上制订的。如果在选择职业道路时能够融入自己的兴趣、价值观、能力和个人特质,你就能从未来的工作中得到极大的乐趣和成就感。

1)职业兴趣

职业兴趣是兴趣在职业选择活动方面的一种表现,可以提高工作效率,充分发挥才能,是保证职业稳定、职业成功的重要因素。

我最想从事的职业有/我最不想从事的职业有:

_____
_____
_____
_____
_____
_____

2)职业能力

很多学生毕业找工作时,往往是盲目的,不知道自己想做什么、能做什么、适合做什么。给自己的职业进行准确定位,是踏上社会的一个重要切入点。

当一个人面临职业选择的时候,你了解自己是哪种职业能力类型吗?

(1)技术职能型。技术职能型的人热爱追求技术职能领域的成长和技能的不断提高,他们有特定专长,注重工作专业化,喜欢面对来自专业领域的挑战。

(2)管理型。管理型的人具有广博知识和社会经验,深刻了解人的行为及人际关系,具有很强组织能力和交际能力。他们不但了解为什么做,而且能把握行为变换,调动一切积极性去完成为什么做的目标。为实现目标,他们机动灵活、应变能力很强。

管理型的人致力于追求工作晋升,倾心于全面管理,独自负责一个部门,可以跨部门整合其他人的努力成果。他们的分析能力、人际关系和组织能力超强,善于客观处理,想去承担整个部门责任,将部门的成功看成自己的工作。

(3)自主独立型。自主独立型的人希望随心所欲地安排自己的工作,追求能施展个人能力的工作环境。

(4)安全稳定型。安全稳定型追求工作中的安全感和稳定感,喜好可预测的未来,从而感到轻松。

(5)创业型。创业型希望凭借自己的能力,去创建属于自己的公司或产品,而且愿意去冒险,并克服困难。

(6)服务型。服务型以人为劳动对象,提供时间、空间、信息、心理舒适等非物质形态需要的劳动,工作中充满较多的主观因素,工作任务错综复杂,对解决问题的能力要求较高。

(7)挑战型。挑战型适应能力强,行动敏捷,思维活跃,他们善于主动寻找挑战,将观察到的问题和难题进行分析、加工,快速做出决定,解决问题。

(8) 生活型。生活型喜欢允许他们平衡并结合个人的需要、家庭的需要和职业的需要的工作环境。

在选择在职业时,如果没有对自己擅长什么、看重什么以及什么能激励自己有清晰的概念,就不能有效地定位自己。对自己的能力、动机和价值观的自我认知非常重要。

所以,分析一下,我的职业能力是:

_____

_____

_____

_____

3) 职业价值观

职业价值观是指人生目标和人生态度在职业选择方面的具体表现,也就是一个人对职业的认识和态度,以及他对职业目标的追求和向往。理想、信念、世界观对于职业的影响集中体现在职业价值观上。

职业价值观一般分为如下 12 类。

(1) 收入与财富。工作能够明显有效地改变自己的财务状况,将薪酬作为选择工作的重要依据。工作的目的或动力主要来源于对收入和财富的追求,并以此提高生活质量,显示自己的身份和地位。

(2) 兴趣特长。以自己的兴趣和特长作为选择职业最重要的因素,能够扬长避短、趋利避害、择我所爱、爱我所选,可以从工作中得到乐趣、得到成就感。在很多时候,人会拒绝做自己不喜欢、不擅长的工作。

(3) 权力地位。有较高的权力欲望,希望能够影响或控制他人,使他人照着自己的意思去行动;认为有较高的权力地位会受到他人尊重,从中可以得到较强的成就感和满足感。

(4) 自由独立。在工作中能有弹性,不想受太多的约束,可以充分掌握自己的时间和行动,自由度高,不想与太多人发生工作关系,既不想治人也不想治于人。

(5) 自我成长。工作能够给予受培训和锻炼的机会,使自己的经验与阅历能够在一定的时间内得以丰富和提高。

(6) 自我实现。工作能够提供平台和机会,使自己的专业和能力得以全面运用和施展,实现自身价值。

(7) 人际关系。将工作单位的人际关系看得非常重要,渴望能够在一个和谐、友好甚至被关爱的环境中工作。

(8) 身心健康。工作能够免于危险、过度劳累,免于焦虑、紧张和恐惧,使自己的身心健康不受影响。

(9) 环境舒适。工作环境舒适宜人。

(10) 工作稳定。工作相对稳定,不必担心经常出现裁员和辞退现象,免于经常奔波找工作。

(11) 社会需要。能够根据组织和社会的需要响应某一号召,为集体和社会作出贡献。

（12）追求新意。希望工作的内容经常变换，使工作和生活显得丰富多彩，不单调枯燥。

分析一下，我认为自己的职业价值观，应该是这样的：

_____
_____
_____
_____
_____

3. 职业生涯设计：我的未来我做主

1）职业生涯规划目标与意义

想象面对竞争激烈的就业形势，你会是迷茫、困惑、无奈，还是认真学习，规划好学业，为顺利就业做准备？

职业生涯规划是根据职业生涯发展的阶段性而设定的目标，并为实现这一目标而制订计划的过程。

（1）了解自我，明确目标。通过有效的职业生涯规划，可以认识到自身的个性特征、现有和潜在的资源优势；对自己的综合优势和劣势进行比较、分析，着力培养某些职业特质；比较客观地评估自己的个人目标与现实之间的距离，运用科学的方法、采取切实可行的步骤和措施，不断增强职业竞争能力，实现自己的职业目标和职业理想。

（2）促进潜能开发。通过职业生涯规划和实践锻炼，能够激发自身内驱力，使自己先天获得的遗传素质得到充分发展，获得当今社会所需要的各种品质；也可以使某些本来不具备的素质，或在心理和能力上有缺陷的方面得到弥补和完善；使自身个性得以发展，各方面的潜能得到开发。

（3）适应社会需要。开展职业生涯规划，能够帮助自己学会学习、学会做事、学会共同生活、学会发展；学会正确处理个人与社会的关系，在社会中寻找个人恰当的位置，最终实现终生学习的发展目标。

（4）实现个体价值。首先通过获得合理的报酬来满足衣食住行等基本需要；在基本需要满足并继续增加的同时，通过提高需要层次，获得别人的赞赏、尊重，获得地位、荣誉，实现人生价值。

2）职业生涯规划步骤

（1）自我评估。通过科学认知的方法，对自己的职业兴趣、气质、性格和价值观有全面认识，清楚自己的优势和特长、劣势与不足。自我评估的目的是认识自己、了解自己。只有认识自己，才能对自己的职业做出正确的选择，才能选定自己发展的职业生涯路线，对自己的生涯目标做出最佳选择。

我对自己的评估：

_____
_____
_____

(2) 职业生涯环境和机会评估。主要是评估各种环境因素对自己职业生涯发展的影响。一个人处在一定的环境之中，在制订个人的职业生涯规划时，要分析环境条件的特点、环境的发展变化情况、自己与环境的关系、自己在这个环境中的地位、环境对自己提出的要求以及环境的有利条件与不利条件等。只有充分对这些环境因素了解了，才能做到趋利避害，找寻到适合自己的职业机会，使生涯规划有实际意义。

我的职业环境和社会机会：

(3) 确定志向。立志是人生的起跑点，影响着一个人的奋斗目标以及成就的大小。客观、实事求是地了解自我，认真评估职业生涯环境和机会后，对自身朦胧的职业理想进行更加理性的分析，确立自己的人生志向，这是职业生涯规划中最重要的一点。

我的职业志向：

(4) 选择职业。职业选择对人生事业发展是非常重要的，我们应该认真考虑自己的兴趣、性格、爱好与将选择事业的匹配程度，还要客观分析职业生涯环境与机会，依据自己的志向做出相对满意的职业选择。

我的职业选择方向：

（5）选择职业生涯路线。职业确定后，走哪一条路线进行发展，此时要做出选择。比如，是走专业技术路线，还是走行政管理路线等。

通常职业生涯路线的选择考虑到以下问题：我想走哪一路线；我能走哪一路线。

于是，我的职业生涯发展路线：

_____
_____
_____
_____
_____

（6）确立职业生涯目标。一个人事业的成败很大程度上取决于有没有正确适当的目标。目标的确定，是在职业选择、职业生涯路线选择后对人生目标做出的抉择。有了目标才有追求事业的方向和动力。

3）制订实施计划的原则

制订职业生涯规划的原则有：

（1）客观性原则。要求对自己进行实事求是的评价，做到一是一、二是二，不要隐瞒和歪曲事实。同时也要客观评估所处的职业环境因素，不根据自己的好恶下结论。

（2）前瞻性原则。职业生涯规划是对一生的职业生活进行安排，要着眼于未来，把眼光放远一点，立足于挖掘自己的潜力，对社会发展变化趋势保持一定的从容应对态度。

（3）全程性原则。职业生涯规划是一个涉及不同要素及时空概念的系统工程，涵盖一个人一生的职业生活内容，要考虑到全程性。

（4）与提升综合素质相结合。职业生涯的规划时，不仅是职业技能的提升，同时还要全面提升个人综合素养，如健康的体魄和良好的心理素质的要求等。

4. 职业体验案例

张小玲2017年毕业于某高职院校电子信息专业。虽然参加工作只有两年的时间，但已经换了好几份工作，最长的一份工作才做了8个月。每次都是她主动辞职的，理由是总觉得自己不喜欢手头的工作，想找份更合适的，但总找不到，只好不停地辞职，不停地找，感觉有点像干一行恨一行。现在张小玲又处在谋求工作的阶段，实在不想再如此继续下去。可是她以前做过流水线、质检、调试、销售、售后服务、客服、工程安装，稍微和专业有关系的，觉得自己能胜任的工作几乎都做过了，迷茫的她不知道接下来该做什么。

点评：就业初期学生离职率高，频繁跳槽，离职的学生中有接近一半的学生工作时长不超过三个月。这有社会的原因，如自由择业机制的发展使就业环境变得宽松，社会对动手能力强、面向生产一线的技术工人需求量大，用工短缺；同时也有企业原因，如学生感觉企业实际情况与招工宣传不符、薪酬不合理、不关心员工个人发展、没有系统培训感觉不适应工作环境等。

但是，在我们对毕业生进行的调查中，更多的原因是他们在校期间没有认真地给自己制订一个长远的职业规划。

在校生没有就业的体验,但可以通过积极参加社会实践活动等来进行职业体验,作为自己进行职业生涯规划时最直观的参考,了解自己未来的职业发展兴趣。

对于刚入职的新人,面对新环境,可能的感受有:

(1) 工作压力大。

(2) 缺乏工作兴趣。

(3) 感觉理想与现实的落差较大。

(4) 急于求成,遭受挫折后不能承受压力。

(5) 围城思想严重,盲目感较强。

(6) 无法胜任工作要求。

(7) 抱怨薪水低。

(8) 不能与人很好地相处。

当我们从学生向员工角色转变时,需要注意的是:

(1) 要树立职业意识。

(2) 要认识到校园与职场存在的差异。

(3) 要尽快角色转变。

(4) 要历练坚强的人格。

(5) 要坚持学习。

设想一下 10 年后的自己是什么样子。给自己制订一个 10 年职业发展规划,畅想一下未来的工作,以此来激励自己不断努力前行。

_____
_____
_____
_____
_____
_____
_____

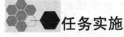 **任务实施**

学生规划和职业生涯规划的撰写。

1. 任务内容要求

学生每人撰写一份学生规划和职业生涯规划。

2. 任务提交资料

学生提交 A4 纸打印文档。

3. 格式要求

Word 形式,要求认真剖析,具有说服力。

4. 呈现形式

纸质文档

任务评价

项目名称：学业规划与职业生涯规划	项目承接人： 姓名：	日期：
项目要求	扣分标准	得分情况
主题选择（15分） 以学业规划和职业生涯规划为主要内容撰写报告。	所选主题不切题（扣5分） 所选主题内容表述不清楚（扣5分）	
关键要求一（25分） 学业规划的撰写。	学业规划不紧扣专业（扣5分） 学业规划缺少专业表述（扣5分） 资料引用过时（扣5分）	
关键要求二（25分） 职业生涯规划的撰写。	职业生涯规划不合常理（扣10分） 职业生涯规划不具备可操作性（扣5分）	
关键要求三（15分） 规划合理、积极主动，具有可执行性。	规划内容敷衍、不合常理（扣10分） 内容撰写条理不清（扣5分）	
整体内容的美感（20分） 报告排版整齐、美观。	根据文档排版情况，酌情扣分	
评价人	评价说明	备注
个人		
老师		

参 考 文 献

[1] 付渊. 电工电子与信息导学 [M]. 北京：中国劳动社会保障出版社，2021.

[2] 吴莉莉. 电子信息科学技术导论 [M]. 北京：机械工业出版社，2019.

[3] 付渊，彭华. 智能家用电器技术 [M]. 北京：电子工业出版社，2020.

[4] 许磊. 物联网工程导论 [M]. 北京：高等教育出版社，2019.

[5] 范东亚，谭荣. 大学生职业生涯规划与创新创业教育 [M]. 重庆：重庆大学出版社，2021.

[6] 雷敏. 网络安全知识读本 [M]. 北京：中国人事出版社，2018.

[7] 赵中堂. 智能家居的技术与应用 [M]. 北京：中国纺织出版社，2018.

[8] 刘升平. 话说精准农业 [M]. 北京：中国劳动社会保障出版社，2015.

[9] 戴安·萨克尼克，丽莎·若夫门. 职业指导——职业生涯规划教程 [M]. 北京：中国劳动社会保障出版社，2020.

[10] 李霞，阚雅玲. 职业规划与成功素质训练（成长篇）[M]. 北京：机械工业出版社，2017.

[11] 侯炳耀. Office 2019 办公应用实战从入门到精通 [M]. 北京：人民邮电出版社，2019.